Die Sache mit der Selbstliebe und Selbstakzeptanz ist gar nicht mal so leicht! Denn viel zu oft findet man sich selbst hässlich, peinlich oder doof. Evelyn weiß das aus eigener Erfahrung.

Doch sie ist überzeugt: Das Leben wird viel großartiger, wenn wir ein paar Abkürzungen nehmen, und wir diese fiesen Komplexe und Selbstzweifel abschütteln. Und zwar indem wir endlich anfangen, uns anzunehmen, wie wir sind, und niemand anderes sein möchten als wir selbst. Mit all unseren Schwächen und Stärken, mit all unseren Marotten und Talenten. Der erste Schritt dorthin ist die Erkenntnis, dass es allen anderen genauso geht! Evelyn erzählt voller Humor und Selbstironie von ihrem eigenen manchmal holprigen Weg.

»Was ist das? Ein Ratgeber? Kaufe ich. Niemand geht so verantwortungsvoll mit Selbstbräuner um wie Evelyn. Wenn sie eine kaputte Strumpfhose trägt, dann will ich die auch. Was sie sagt, das glaube ich.«
Sabine Heinrich, Moderatorin

EVELYN WEIGERT, geboren 1988 in Regensburg, studierte Gesang am »Music College« und nahm an der Frank-Elstner-Masterclass teil. Seit vielen Jahren wirbelt sie erfolgreich durch die TV- und Podcastlandschaft und moderierte bereits zahlreiche erfolgreiche TV-Formate für Pro7, ARD, NDR und Sky. In ihren beiden Podcasts »Heinlein & Weigert« (gemeinsam mit Basti Heinlein) und »Hoppe Hoppe Scheitern« betreibt sie Real Talk der allerfeinsten Sorte. Außerdem malt sie für ihr Leben gerne und stellt ihre Bilder oft in Berliner Galerien aus. Mit ihrem Mann Alex und ihren beiden kleinen Töchtern lebt sie in Berlin. Wie sie das alles immer unter einen Hut kriegt, weiß sie selbst nicht.

Evelyn Weigert
mit Kira Brück

PEACE, BITCHES!

**Nimm dich, wie du bist –
mehr brauchst du nicht**

Ullstein

Besuchen Sie uns im Internet:
www.ullstein.de

Wir verpflichten uns zu Nachhaltigkeit
- Klimaneutrales Produkt
- Papiere aus nachhaltiger
  Waldwirtschaft und anderen
  kontrollierten Quellen
- ullstein.de/nachhaltigkeit

Wichtiger Hinweis
Zum Schutz von Personen wurden Namen verändert
und Handlungen, Ereignisse und Situationen abgewandelt.
Die angeführten Dialoge und Äußerungen Dritter
sind nicht wortgetreu zitiert, sondern ihrem Sinn und Inhalt nach
wiedergegeben.

MIX
Papier
FSC FSC® C083411

Originalausgabe im Ullstein Taschenbuch
1. Auflage Juni 2022
© Ullstein Buchverlage GmbH, Berlin 2022
Umschlaggestaltung: zero-media.net, München
nach einer Vorlage von Nicolas de Leval Jezierski
Titelmotiv: © Fanny Husten
Satz: Pinkuin Satz und Datentechnik, Berlin
Gesetzt aus der ITC Berkeley Oldstyle
Druck und Bindearbeiten: CPI books GmbH, Leck
ISBN 978-3-548-06586-1

Peace, Bitches!

INHALTSVERZEICHNIS

Vorwort 9

1. Everything happens for a reason 15
2. Du musst gar nichts 23
3. Dating, du alter Weirdo 30
4. Findet eure Scheide schön 38
5. Showschlafen & Reise-Vibrator 45
6. Periode, du dumme Sau! 52
7. Schwester Evelyn 58
8. Nehmt das Leben leicht, ihr Bitches! 67
9. Geile Frauen 74
10. Oh Baby, Baby 84
11. Peace out (mit eurem Körper) 91
12. Lasst euch nicht verarschen 101
13. Life has a plan 110
14. Wenn du nicht kacken kannst,
    ist das einfach nicht cool 120
15. Fake it till you make it 133
16. Selbstfürsorge ftw 140
17. Der dumme Vogel 147

18. Labertasche und Glotzbert   161

19. Wurschteln und gammeln   169

20. Manchmal tut das Leben auch weh   177

21. Mode-Chamäleon   190

22. Naturstoned   200

23. Liebeskummer & Scheidenpilz   205

24. Finito und ein Happy End   215

25. Krafttier   222

26. Und ganz zum Schluss:
      Meine ultimativen Tipps für gute Laune   233

Dank   236

VORWORT

Liebe Gemeinde!

Ich freue mich richtig hart, dass ihr mein Buch in den Händen haltet.

Für mich ist das eine riesengroße Sache. Ich hätte es nämlich niemals für möglich gehalten, dass es einmal ein Buch geben wird, auf dem vorne mein Name draufsteht. Um gleich mal mit der Tür ins Haus zu fallen – das sind die meisten von euch schließlich von mir gewohnt:

Eigentlich kann ich nicht mal besonders gut lesen und schreiben, ich bin nämlich Legasthenikerin. Meine Eltern haben das in meiner Kindheit aber mit Absicht nicht diagnostizieren lassen, weil sie vermutet haben, dass ich mit so einem Stempel Nachteile in der Schule haben könnte. Trotzdem bin ich bis heute fest davon überzeugt, an einer Lese-Rechtschreib-Schwäche zu leiden. Bei mir ist das so schlimm, dass ich es nicht mal merke, wenn jemand meinen eigenen Namen falsch schreibt. Von Mousse T. werde ich auch liebevoll Legasto-Girl genannt.

Insofern ist es doch wirklich erstaunlich, was im Leben

alles möglich ist. Sogar, dass ich ein Buch schreibe. Und zu diesem möchte ich euch von Herzen willkommen heißen! Schön, dass ihr da seid. Und noch geiler, dass ihr Bock drauf habt.

Ich schreibe dieses Buch natürlich nicht einfach so und weil ich nichts Besseres zu tun hätte. Nein, ich habe eine Botschaft für euch, und zwar eine sehr wichtige:

> **So unterschiedlich jede Einzelne von uns ist, so haben wir doch alle dieselben Probleme.**

Ich meine damit vor allem: die komplett übertriebenen Selbstzweifel!

Bin ich schön genug?

Bin ich beliebt genug?

Erfolgreich genug, lustig genug, schlau genug?

Wirklich: Die hübschesten, cleversten und coolsten Frauen haben Zweifel dieser Art. Da gibt es keine Ausnahme. Ich kenne niemanden, der jeden Tag vor dem Spiegel steht und sich denkt: »Geil, sehe ich heute wieder gut aus!« Und ich kenne auch nur sehr wenige, die nicht hart zu sich selbst sind – und sich damit viel kleiner machen, als sie in Wirklichkeit sind. Mich eingeschlossen.

Mir ist auch niemand bekannt, der beim Dating-Game nicht wenigstens einmal eine richtig peinliche Wurst war. Und ich kenne niemanden, der sich nicht hin und wieder nach dem Kacken 90-mal den Arsch abputzen muss, weil sich auf mysteriöse Weise immer noch irgendwo Reste versteckt haben.

Ja, ich weiß, das klingt jetzt vielleicht extrem. Aber so ist es im Leben nun mal.

Wisst ihr aber, was gegen all diese blöden Selbstzweifel hilft? Darüber reden, und zwar Klartext. Offen zugeben, dass es einem genauso geht wie allen anderen auch. Also freut euch auf dieses Buch! Denn all diese unangenehmen Themen werden hier jetzt besprochen, Freunde.

Denn was ich mir aus tiefstem Herzen wünsche, ist, dass wir alle mit dieser bescheuerten Zeitverschwendung aufhören, uns selbst hässlich, peinlich oder doof zu finden. Und dabei ständig auch noch so zu tun, als ginge es uns nicht so.

Dieses Buch ist dafür da, euch allen zu zeigen, dass wir im selben Boot sitzen:

— Wir schämen uns für unsere Körperhaare, die Periode oder das Aussehen unserer Scheiden.
— Wir schämen uns, weil wir zu laut oder zu leise sind, zu dick oder zu dünn, zu klein oder zu groß.
— Wir zweifeln an uns, weil unser Klamottenstil nicht cool genug ist.
— Wir fühlen uns wie Versagerinnen, weil alle um uns herum Immobilien kaufen und wir selbst noch mieten und keinen blassen Schimmer haben, wie das gehen soll mit so einem Kredit.
— Wir fühlen uns nicht gebildet genug, verstecken uns hinter zu viel Schminke und haben Angst, unser eigenes Ich zu zeigen.

Scham und Selbstzweifel begleiten uns ständig. Aber dafür ist das Leben doch verdammt noch mal zu kurz!

Wenn ich eines verstanden habe, dann das: Sich selbst zu lieben und zu akzeptieren, wie man ist, ist die schwerste Aufgabe, die das Leben an uns stellt. Keiner kann uns genau sagen, wie man das lernt und verinnerlicht. Was ich aber weiß: Es hilft wirklich zu wissen, dass es bei anderen ganz genauso ist. Zu verstehen, dass man nicht der einzige Vollhorst auf dieser Erde ist.

Trotzdem bleibt das mit der Selbstliebe und Selbstakzeptanz für uns alle eine lebenslange Aufgabe. Ich habe da schon einen ziemlich langen Weg hinter mir und sehr viel verstanden – davon erzähle ich euch.

Ich möchte euch ermutigen, all diese fiesen Gedanken, mit denen wir uns selbst klein- und unsere Zeit auf dieser schönen Erde schwerer machen, endgültig an der Garderobe abzulegen, glücklich zu sein und ALLES MIT MEHR HUMOR zu nehmen! Denn manche dieser Gedanken hören vielleicht nie auf, aber dann ist schon mal super, sie nicht zu ernst zu nehmen. Egal, wie bescheiden euer Leben also gerade ist: Steht auf, geht raus, und macht das Beste draus. Ich gehe mit euch.

Das soll hier kein Lebensratgeber sein, der euch superschlau aufzählt, was ihr bisher alles falsch gemacht habt. Nein, ich erzähle euch einfach meine Sicht der Dinge, von meinen peinlichsten Erlebnissen, meinen Tiefpunkten, aber auch von den lustigen Momenten meiner letzten 33 Jahre. Und dann erkennt ihr bestimmt ganz schnell:

Das Leben wird viel großartiger, wenn wir ein paar Abkürzungen nehmen, indem wir sie abschütteln, diese fiesen Komplexe und Selbstzweifel.

Indem wir endlich anfangen, uns anzunehmen, wie wir sind, und niemand anderes sein möchten als wir selbst.

Mit all unsere Schwächen und Stärken, mit all unseren Marotten und Talenten.

Denn am Ende sitzen wir alle im gleichen Scheißhaus. Auch ich habe ungefähr jedes Fettnäpfchen mitgenommen, das mir das Leben bisher geboten hat. Und ich kenne die Momente des Scheiterns und der Scham nur zu gut.

Wenn ihr also gerade denkt, ihr seid die unwichtigste Laus auf dem Planeten, dann rufe ich euch zu: Ich fühle mit euch, ich verstehe euch, ich bin eine von euch! Mein Leben war streckenweise alles andere als ein Spaziergang. So bunt und spaßig, wie es heute aussieht, war es nicht immer. Ich bin einen langen Weg der Selbstfindung gegangen. Und immer, wenn ich mich mit mir selbst auseinandersetze, ist das mit vielen Tränen verbunden.

Also versprochen, nach diesem Buch werdet ihr über euch anders denken als jetzt und sagen: »Hey, es ist genau richtig, wie es gelaufen ist. Das Leben meint es gut mit mir, ich bin ein Glückskind.«

Ich werde euch zeigen, wie ihr es schafft, euch selbst mehr zu lieben, öfter an euch zu glauben und ein Gespür für die große Liebe zu entwickeln. Ich werde euch erklären, warum das Leben so viel besser ist, wenn man die richtigen Freundinnen an seiner Seite hat. Ihr werdet nie wieder ein schlechtes Gewissen haben, weil ihr nicht beim Sport wart. Und selbstverständlich erzähle ich euch, wie mein Leben als Mama ist, wie ich meinen Ehemann Alex kennenlernte (Tinder, Baby!) und wie ich mit jedem meiner Männer meinen Kleidungsstil änderte.

Ich werde euch Dinge erzählen, die WIRKLICH noch keiner von mir weiß. Nicht mal meine beste Freundin. Stichwort: Fremdknutschen.

Ich verspreche euch: Ihr werdet viel zu lachen haben.

Aber ihr werdet auch viel über euer Leben und die Beziehung zu euch selbst nachdenken.

Für mich ist es eine große Sache, euch jetzt mit auf diese Reise nehmen zu dürfen. Euch mit diesem Buch vielleicht ein wenig mehr Lebensfreude und gute Laune mitgeben zu können und hoffentlich das wunderschöne Gefühl, dass ihr richtig seid. Und zwar exakt so, wie ihr seid. Es gibt euch nämlich nur ein einziges Mal auf dieser Erde – und genau diese Einzigartigkeit ist eure Superpower.

Ich bin kein Guru oder Life Coach, und das will ich auch gar nicht sein. Ich weiß aber, wie man es schafft, endlich damit aufzuhören, sich über die Zukunft Sorgen zu machen.

Ich weiß, wie man Frieden schließt mit der Person, die man ist.

Und ich weiß, wie man es in die angesagtesten Clubs schafft. Und wieder raus. Und wenn ich eines sicher weiß, dann, wie gut es tut, ehrlich über Dinge zu sprechen. All diese Lifehacks verrate ich euch jetzt, ihr Bitches. Ich will, dass dieser Planet ein glücklicherer Ort ist und wir alle am Ende sagen können: »Boah, hatten wir ein schönes Leben!« Ich wünsche euch viel Spaß, ein paar ordentliche Lachflashs und vor allem richtig geile Erkenntnisse.

Eure Evelyn

Kapitel 1

EVERYTHING HAPPENS
FOR A REASON

Fangen wir mal ganz vorne an, damit ihr versteht, woher ich komme:

Ich bin in einem Dorf bei Regensburg aufgewachsen.

Leider hatte ich das Pech, in der Grundschule nicht so auszusehen, wie man auszusehen hatte: Ich war ein kleines bisschen zu moppelig und hatte einen komischen Style inklusive einer absolut beschissenen Frisur. Ihr müsst sie euch wie einen Pilzhaarschnitt vorstellen, dazu hatte ich mir vorne rechts und links zwei dicke rote Blocksträhnen färben lassen. Ich fand's geil, sah aber in Wahrheit einfach horstig aus.

Das Problem – ihr werdet es gleich erkannt haben: Ich war nicht wie alle anderen Kinder.

Und wenn man nicht ins Schema passt, kommt das manchmal nicht gut an. Besonders Kinder können bekanntlich äußerst gemein sein.

Das bekam auch ich zu spüren.

In meine Klasse gingen Zwillingsmädchen, von denen ich übel gemobbt wurde, weil ich eben kein zierliches Pferdemädchen mit hübsch zusammengebundenen langen Haaren war. In der Grundschulzeit bin ich deshalb fast jeden Tag heulend nach Hause gegangen und dachte, ich sei der letzte Mensch. Die Außenseiterin ohne Freunde.

Erstaunlich, wie Selbstwahrnehmung und Außenbild im Leben manchmal so gar nicht zueinanderpassen. Denn meine Mutter erzählt mir noch heute, dass damals oft andere Kinder bei uns zu Hause anriefen, weil sie sich mit mir zum Spielen verabreden wollten. Scheinbar hatte ich aber so gut wie nie Lust dazu und sagte immer ab. Ich fühlte mich ungeliebt, machte einen auf Eigenbrötlerin und wollte lieber alleine zu Hause rumhängen, weil ich mich so anders als die anderen Kinder gefühlt habe.

Vielleicht war ich das aber in Wirklichkeit gar nicht?

Deshalb meine erste Erkenntnis für euch:

> Wenn ihr euch ungeliebt fühlt, schaut einmal nach links und rechts. Höchstwahrscheinlich sind da Leute, die gerne mit euch zusammen wären – die ihr aber vor lauter Scheuklappen nicht bemerkt.

Gott sei Dank habe ich eine Familie, die sich den Mund fusselig geredet hat und mir immer wieder klargemacht hat, dass ich genau richtig bin, wie ich bin.

Heute weiß ich, dass es großartig ist, anders zu sein. Denn wenn ich nicht anders wäre, wäre ich nicht da, wo ich heute bin. Und ihr würdet mich gar nicht kennen. Auf der anderen Seite sollten wir uns aber auch die Fragen stellen: Was ist eigentlich *normal*? Wer stellt da die Regeln auf und hat das Recht, andere dafür runterzuputzen, weil sie nicht so ticken wie die Mehrheit? Richtig. Niemand.

Nach meiner Rückzugsphase als Kind war ich später als Jugendliche eine ziemlich peinliche Draufgängerin – eben genau so, wie man sich einen richtig ätzenden Teenie vorstellt. Ich war wie eine Nutte angezogen, gerne mal ein bisschen zu laut und oft mit Kippe in der Hand.

In dieser Zeit habe ich zum ersten Mal die Erfahrung gemacht, wie fantastisch es ist, akzeptiert zu werden und auch mal der Boss zu sein. Wie gut es tut, Leute zu finden, die mit einem abhängen wollen, eben weil man anders ist.

Das würde ich als den Start bezeichnen – da habe ich mich auf die Reise gemacht zu der Frau, die ich heute bin. Eine eher komplizierte Reise, würde ich rückblickend sagen. Aber (fast) jede Station war es wert.

Doch noch mal zurück zur Schulzeit: Als ich 15 Jahre alt war, wurde ich von der Schule geschmissen. Der Grund dafür ist etwas bizarr:

Weil ich im Kunstunterricht einen Penis getöpfert habe.

Kein Scherz, das ist wirklich so passiert.

Die ganze Angelegenheit hatte schon nicht ideal begonnen. Weil ich wenig Lust auf Schule hatte, machte das Gymnasium irgendwann keinen Sinn mehr – ich hatte zu schlechte Noten und auch nicht die Motivation, daran etwas zu ändern. Also wechselte ich auf die Realschule, die ich dank erwähnter Penis-Kunst letztlich auch nur vier Monate besuchte.

Der Schulleiter meinte gleich am ersten Tag zu mir:

»So wie du aussiehst, bringst du mir ohnehin nur Ärger.«

Verübeln kann man es ihm eigentlich nicht. Ich hatte damals schwarze Haare mit Pony, assige dünne Augenbrauen, trug viel zu viel Make-up und habe den viel zu dunklen Bronzer nicht nur für die Wangen, sondern fürs ganze Gesicht benutzt. Und dass ich Schule wahnsinnig langweilig fand, strahlte ich vermutlich mit jeder Pore aus.

Mein Problem war auch, dass ich die Lehrer nicht wirklich für voll nehmen konnte. Das soll jetzt nicht überheblich klingen, aber ich dachte damals als total Pubertierende: Wenn ihr es nicht schafft, mit einem 15-jährigen Mädchen, das wirklich kein Arschloch ist, sondern einfach nur eine kleine Revoluzzerin, irgendwie cool umzugehen, dann seid ihr in der Schule fehl am Platz. Ich konnte mich auf den Unterricht also null einlassen, plapperte dazwischen, war mit den Gedanken ganz woanders. Und nachmittags hinsetzen und Hausaufgaben machen? Also bitte, da hatte ich natürlich keinen Bock drauf.

Na ja, und dann kam eben diese Kunstaktion mit dem Penis.

Die Aufgabe hatte gelautet: »Töpfert ein Schälchen.«

Nach dem hundertsten Versuch, so ein fucking Schälchen zu formen, wurde mir klar: Das wird hier nichts. Anstatt mich mit der Scheiße weiter aufzuhalten, kam mir beim Zusammenkneten des Tons die glorreiche Idee, einen stattlichen Phallus zu formen. Einen Riesenoschi! Das Absurde ist, dass selbst die Kunstlehrerin erst einmal sehr angetan war von meiner kreativen Idee. Doch nach kurzer Zeit begann die ganze Klasse, Penisse zu töpfern. Die Stimmung kippte. Und meine Idee war dann auf einmal doch nicht mehr ganz so witzig.

Die einzige Idee, die das Kollegium daraufhin hatte, war, mich der Schule zu verweisen. Ich finde das noch heute unfassbar ungerecht und halte es für einen riesengroßen Witz. Schließlich hätte es auch ganz anders laufen können mit mir. Zum Beispiel, dass ich mir den Rauswurf sehr zu Herzen nehme und mein Leben überhaupt nicht mehr in den Griff bekomme.

Im Ernst, ich habe doch niemanden verletzt oder gemobbt, sondern einfach nur im Kunstunterricht Quatsch gemacht. Halt einen schönen Penis getöpfert, satte 30 Zentimeter, stolz erigiert. Und dann natürlich unter großem Gelächter in der Klasse rumgezeigt. Was ist denn schon dabei?

Heute – und das ist doch wirklich eine schöne Wendung dieser Geschichte – verdiene ich Geld mit meiner Kunst. Am liebsten male ich weibliche Akte: dicke, dünne, große, kleine, junge, alte Frauen. In knalligen Farben, alles sehr kraftvoll. Und manchmal ist da auch ein Penis dabei.

Versteht ihr, worauf ich hinauswill? Auf einer Realschule auf dem bayerischen Land verstehen die Leute dein Anderssein vielleicht nicht. Das heißt aber nicht, dass du deshalb falsch bist. Keine Frage, meine Penisbilder müssen nicht jedem gefallen, aber sie machen mich zur Künstlerin. Menschen kaufen meine Bilder und hängen sie sich mit großer Freude ins Wohnzimmer.

Heute kann ich tun und lassen, was ich will, und werde für mein Anderssein von meiner Community gefeiert. Das war als 15-Jährige logischerweise anders. Nach dem Schulverweis war ich erst mal am Boden zerstört. Und meine Eltern waren es auch. Sie wussten mit mir nicht mehr weiter und konnten nicht verstehen, weshalb ihre Tochter so ausrastet.

Dabei sind Mama und Papa so richtig feine Menschen, ich nenne sie immer Glücksbärchis. Mit Anfang 20 waren sie die erste große Liebe füreinander, dann haben sie recht schnell mich bekommen. Und ausgerechnet ihre erste Tochter wird dann so eine wilde Hilde.

Im Nachhinein, mit vielen Jahren Abstand, können wir natürlich gemeinsam über all das lachen, was damals passiert ist. Dann sitzen wir bei meinen Eltern am Tisch, erzählen uns die Geschichten von früher und können einfach nicht glauben, wie bescheuert das damals war und wie wir uns unnötig den Kopf zerbrochen haben.

Aber in dem Moment hat sich der Schulverweis für meine Eltern – und natürlich auch für mich – unfassbar schlimm angefühlt. Sie überlegten, was sie in meiner Erziehung falsch gemacht hatten. Natürlich lag nichts von dem, was ich verbockt habe – die schlechten Noten, der getöpferte Penis, mein unmöglicher Look –, an ihnen. Das war schon damals einfach mein Charakter. Ich hatte schon immer meinen eigenen Kopf und war wenig bereit, mich anzupassen oder auf etwas einzulassen, auf das ich keinen Bock hatte. (Zeigt mir mal jemanden, der heute in seinem Alltag binomische Formeln braucht. Also mir fällt keiner ein.)

Was mich schon als Kind genervt hat, ist diese Einstellung der Erwachsenen, dass du dich an Regeln zu halten hast – egal, ob sie Sinn machen oder nicht. Du setzt dich rein in den Klassenraum und hältst bitte dein Maul. Es interessiert auch keinen, ob dich das interessiert, was die Lehrerinnen und Lehrer da vorne erzählen. Alle müssen einfach gleich sein und funktionieren, keiner darf aus der Reihe tanzen.

Wie dumm das ist! Menschen und ihre Talente sind eben unterschiedlich. Zum Glück! Denn Vielfalt macht doch Spaß. Meine Kinder kommen jedenfalls definitiv auf die Waldorfschule.

Hier mal kurz meine schulische Laufbahn, das ist nämlich alles etwas kompliziert:

Nach der vierten Klasse war es mein größter Wunsch, aufs Gymnasium zu gehen. Da lief es bis zur sechsten Klasse auch ganz gut. Dann habe ich gemerkt, dass mich der ganze Scheiß nicht mehr interessiert, und aufgehört, etwas für die Schule zu tun. Die achte Klasse musste ich deshalb auf dem Gymnasium wiederholen. Mir war da schon längst klar, dass ich zu viel verpennt hatte und hier nicht weiterkomme. Also bin ich auf die Realschule gewechselt und dort in die neunte Klasse gekommen. Dem Schulleiter war ich von vornherein ein Riesendorn im Auge, und nach vier Monaten wurde ich von der Schule geschmissen. Weil ich den Unterricht so krass gestört habe – und der getöpferte Penis brachte das Fass dann zum Überlaufen. Nun stand ich da ohne alles. Keine andere Schule im Umkreis wollte mich aufnehmen. Das hieß für mich, dass ich den qualifizierten Hauptschulabschluss (das ist in Bayern der kleinste Schulabschluss, den man machen kann) extern an unserer Dorfschule mitschreiben durfte. Aufgenommen haben sie mich nämlich nicht, aber immerhin konnte ich an der Prüfung teilnehmen. Das war schon hart, dass ich morgens nicht mehr cool mit dem Schulbus in die Stadt fahren konnte, sondern für die Prüfungen in die olle Dorfschule zu Fuß gehen musste.

Ich hatte mit 15 Jahren also nicht unbedingt die besten Zukunftsaussichten. Um ehrlich zu sein, eigentlich gar keine. Immerhin hatte ich aber den kleinsten Schulabschluss der Welt in der Tasche.

Meine Mutter und ich behaupten übrigens bis heute, dass ich meinen Hauptschulabschluss mit einem Einser bestanden hätte – was in Wirklichkeit absoluter Mumpitz ist. Wahrscheinlich war es vielmehr eine Vier. Wir haben uns aber so sehr geschämt über meinen Schulverweis, dass wir anderen erzählt haben, ich hätte immerhin mit Bestnote bestanden. Vielleicht ist es jetzt – mit 33 Jahren – mal an der Zeit, diese Lebenslüge zu lüften. Sorry, Mama!

Jedenfalls wusste ich damals nicht, wie es weitergehen sollte, und war ziemlich verzweifelt. Und klar dachte ich auch, dass mit mir etwas nicht stimmen kann. Dass ich nicht richtig bin, weil ich in das System »Schule« so gar nicht reingepasst habe, weil ich so ein Totalausfall war.

Wisst ihr, im Nachhinein ergibt im Leben alles auf wundersame Weise einen Sinn. Wenn ich heute zurückschaue, musste alles genau so geschehen. *Trust the timing of your life* – vertraue auf den Zeitplan deines Lebens. Auch wenn sie deine Peniskunst heute nicht verstehen, heißt das nicht, dass du in ein paar Jahren damit nicht Geld verdienen kannst.

> **Erste Lektion: Wir sind alle richtig so, wie wir sind. Die einen sind verrückter, schräger, wilder als die anderen. Aber wir sind alle okay und wunderschöne Wesen.**

Und wisst ihr, ich bin auch stolz darauf, dass ich mich nie gefügt habe, dass ich immer die Kraft hatte, mein eigenes Ding durchzuziehen. Dafür braucht man nämlich dicke Eier in der Hose. Und die habe ich!

Ich muss immer voll hinter dem stehen, was ich mache. Und das rate ich euch auch, wenn ihr euch mit dem Weg, der von euch erwartet wird, nicht anfreunden könnt: Macht, was ihr fühlt, und fühlt, was ihr macht. Weil genau das richtig für euch ist.

Und wenn ihr noch in der Findungsphase und gerade nur so mäßig happy mit eurem Leben seid, dann vertraut darauf, dass alles für einen Grund passiert. Denkt in solchen Situationen immer an meinen getöpferten Penis.

Kapitel 2

DU MUSST GAR NICHTS

Ich war also alles andere als eine Überfliegerin in der Schule. Und das bringt mich direkt zur nächsten Erkenntnis, die ich unbedingt mit euch teilen möchte:

Es ist vollkommen okay, sich für etwas nicht begeistern zu können oder Dinge nicht zu wissen!

Bei mir läuft das ziemlich extrem ab, denn wenn mich etwas nicht interessiert, kann ich mich um keinen Preis der Welt dafür begeistern – geschweige denn zusammenreißen. Das war schon in der Mittelstufe so. Da konnte ich partout keinem 50-jährigen Mann mit Vollbart und Birkenstocks zuhören, der mir Sachen erzählte, die mich nicht die Bohne interessierten. Physik juckte mich einfach nicht, und dazu stehe ich auch.

Bis heute hat sich nichts daran geändert: Ich kann mich für ziemlich viel Nullkommanichts begeistern und laufe deshalb mit richtig großen Wissenslücken durch die Welt.

Manchmal frage ich mich, ob das vielleicht ein unreifes Verhalten ist. Aber dann denke ich wieder: Für was soll das gut sein? Ein Beispiel: Jeder denkt, dass man »Star Wars« geschaut haben muss. Ich habe der Sache eine Chance gegeben und guten Willen gezeigt. Gemeinsam mit ein paar Freunden wollte ich mir den ersten Teil reinziehen. Der Filmabend war perfekt vorbereitet mit Popcorn und Drinks. Aber nachdem es losging, merkte ich ziemlich schnell, dass sich alles in mir gegen den Plot sträubte. Echt, ich fand alles an »Star Wars« scheiße!

Den Soundtrack.

Die Personen.

Die Kostüme.

Den Plot.

Die Dialoge.

AAAHHH!!!!

Nach etwa einer Viertelstunde stand ich wie eine nervende Jugendliche vor dem Fernseher und laberte Mist – in der Hoffnung, dass es so irgendwie aufhört. Meine Freunde warfen Chips auf mich.

Ich schaffe es einfach nicht, mich auf etwas einzulassen, was mich nicht packt. Und irgendwie ist das doch auch voll okay. Warum sollte ich mich selbst quälen?

Welchen Film ich hingegen echt liebe, ist »Tropic Thunder« mit Ben Stiller, Jack Black und Justin Theroux. Der ist so unfassbar lustig, zieht ihn euch bitte mal rein!

Dokumentationen über Menschen finde ich auch großartig, da gibt es zum Beispiel eine über Quincy Jones, den Komponisten und Musikproduzenten von Aretha Franklin und Michael Jackson. Er produzierte auch »We are the world«. Kennt ihr, oder? Der Song hat über 50 Millionen US-Dollar eingespielt! Auf jeden Fall ist dieser Quincy Jones ein genialer Musiker.

Oder auch die Doku über den Kunstfälscher Wolfgang Beltracchi fand ich spannend. (Nur falls ihr schon dachtet, ich habe gar keine Ahnung von Kultur.)

Auf der anderen Seite schaue ich auch gerne Trash-TV, etwa »Das Sommerhaus der Stars« oder »Der Bachelor«. Für mich sind solche Sendungen wie eine Sozialstudie. Mich amüsiert köstlich, wie beknackt Leute sein können. Wenn die Babsi aus Pforzheim versucht, sich den Bachelor zu schnappen, das finde ich eigentlich genauso spannend wie das Genie von Quincy Jones. Ich begeistere mich total für das reale Leben. Übrigens, da wir schon bei Trash-TV sind: Klar würde es mich reizen, bei einem Format wie dem »Dschungelcamp« mitzumachen. Einfach aus Interesse, wie ich mich da so schlagen würde. Aber ob ich das wirklich durchziehen würde?

Was mich jedenfalls mega aufregt, sind Leute, die einen bevormunden, welche Filme man gesehen oder welche Platten man gehört haben muss.

»Waaaas?! Den hast du noch nicht gesehen, das gibt's doch nicht!«

So ein Getue finde ich richtig scheiße. Ich kann gut selbst entscheiden, was ich mir reinziehe, und habe kein Problem damit, den letzten James Bond nicht gesehen zu haben. Deshalb fühle ich mich nicht wie eine Kulturbanausin.

Und ganz ehrlich: Mir imponiert es null, wenn jemand die ganze Landkarte rauf und runter kennt und alle möglichen historischen Fakten auswendig weiß. Das kann ich alles dann schnell nachschauen, wenn ich es wissen muss. Bei mir ist es halt so, dass ich mir auch beim hundertsten Blick auf die Deutschlandkarte nicht alle Bundesländer merken kann – und ich bin total fein damit.

In Geografie bin ich also nicht unbedingt eine Leuchte. Meine beste Freundin Vroni wollte mit mir mal einen Städtetrip machen. Wir saßen im Auto auf dem Weg vom Shoppen in Charlottenburg nach Hause in den Prenzlauer Berg, als sie mir den Vorschlag machte.

»Lass uns doch mal nach Tel Aviv fliegen! Soll so schön sein!«

Ich entgegnete, dass ich noch nicht einmal wisse, wo Tel Aviv ist. Woraufhin sie mich völlig entgeistert anschaute und es einfach nicht fassen konnte.

Mir macht das nichts aus, ich habe eben Mut zur Lücke. Wir müssen nicht alle alles wissen. Es reicht doch, wenn jeder von uns ein paar Steckenpferde hat, für die sie oder er sich begeistern kann.

Und es gibt definitiv Themen, für die ich mich extrem begeistern kann. Wobei ich jemand bin, der total schwarz-weiß tickt. Entweder ich liebe etwas oder finde es total scheiße. Viel dazwischen gibt es bei mir nicht.

Was mich zum Beispiel ultra interessiert, sind die Familiengeschichten anderer Menschen. Wenn ich neue Freunde kennenlerne, müssen die mir erst mal ihre ganze Familienhistorie erzählen, weil ich es so spannend finde zu erfahren, was sie geprägt und zu dem Menschen gemacht hat, der oder die sie heute sind.

»Und deine Oma, die kam dann nach dem Krieg von Schlesien nach Mecklenburg … und was passierte dann?«

Mich fasziniert auch, wie Stämme in Afrika leben und wie Menschen ihr Zusammenleben organisieren und wie sie mit Krisen und Herausforderungen umgehen. Eine Doku über Sandawe, Hadza oder Mursi – ich bin dabei!

Und Kunst interessiert mich sehr. Ich latsche gerne mit großen Augen durchs Museum und empfinde so viel Freude und Lust dabei, Bilder zu betrachten. Egal, ob abstrakt oder konkret, schwarz oder weiß, alt oder neu. Das erfüllt mich richtig. Nur mit dem sogenannten »Allgemeinwissen« habe ich es eben nicht so sehr. Werft gerne den ersten Stein, wenn ihr euch da für was Besseres haltet.

Mein Freund Sascha Lobo ist hingegen krass intellektuell unterwegs und redet immer schlaues Zeug daher. Oftmals verstehe ich nur die Hälfte von dem, was er erzählt. Was an seiner erlesenen Wortwahl liegt und daran, dass ich mich bei gewissen Themen nur maximal drei Sekunden konzentrieren kann. Aber ihr glaubt doch nicht im Ernst, dass ich mir deswegen einen Kopf machen würde.

Manchmal unterbreche ich ihn dann mit den Worten: »Sascha, es tut mir leid, aber ich höre dir schon länger nicht mehr zu.«

Sascha nimmt mir das zum Glück nicht übel. Hin und wieder frage ich aber auch nach und bin auf seine Antwort gespannt.

Neulich war es wieder so weit. Es ging um einen Begriff, den ich nicht mal unfallfrei aussprechen kann: das Pa-tri-ar-chat. Erst habe ich das Wort gegoogelt, aber da stand so krass viel Text, da hatte ich schon wieder keine Lust, mir das durchzulesen.

Also fragte ich Sascha bei unserem nächsten Treffen, was es bitte mit dem Patriarchat auf sich hat.

Er erklärte mir, dass es um das Machtsystem der Männer geht.

Und auch um bestimmte Regeln, die jahrhundertelang von

Männern gemacht wurden, wie sich Frauen »angemessen und anständig« zu verhalten haben. Was sie durften und was nicht. Puh.

Aber: Ich bin verdammt happy, dass ich es jetzt geschnallt habe! Im Übrigen auch geil, dass mir das Wort ausgerechnet ein Mann erklären musste.

> Was lernen wir also daraus? Wenn ihr etwas nicht wisst, traut euch auf jeden Fall nachzufragen! Da ist wirklich nichts dabei, und wenn euch deshalb jemand auslacht oder schlecht von euch denkt – solche Leute könnt ihr eh knicken.

Heute kann ich sagen, dass mein Mut zum Desinteresse mein großes Glück war. Denn nur so konnte ich mir meiner Stärken bewusst werden. Versucht es mal, stellt euch vor den Spiegel, und traut euch zu sagen: DAS INTERESSIERT MICH NICHT.

Ehrlich, ihr müsst nicht überall mitreden können.

Gesteht euch ein, dass euch etwas egal ist. Setzt Prioritäten. Das Star-Wars-Beispiel scheint banal zu sein, aber zieht euch keinen Film rein, der für euch Zeitverschwendung ist.

Investiert eure wertvolle Lebenszeit in das, was ihr liebt, was euch Spaß macht – und sortiert alles andere radikal aus.

Wahre Könner sind doch die, die wissen, was ihnen schnurzpiepegal ist. Und die gleichzeitig alles auf eine Karte setzen!

Manchmal habe ich das Gefühl, die Menschen trauen sich aus Angst selbst nichts zu. Dann machen sie halt doch die Ausbildung bei der Sparkasse, weil die sicher ist. Ist ja auch in Ordnung, nicht jeder ist für diesen selbstständigen Lifestyle oder einen kreativen Weg gemacht. Und für viele Leute ist Sicherheit eine wichtige Sache.

Aber ich glaube halt, viele haben sich einfach nicht getraut, nach ihrem eigenen Weg zu suchen. Deswegen – und diese Botschaft ist mir sehr wichtig – gesteht euch ein, was ihr *nicht* könnt. Ohne euch dafür selbst fertigzumachen oder gar zu schämen. Schaut da ganz liebevoll auf euch selbst.

Und dann beobachtet ihr endlich mal, wo eure Leidenschaften liegen, was euch leichtfällt.

Denn darin werdet ihr großartig sein.

Kapitel 3

DATING, DU ALTER WEIRDO

Ich sag euch gleich, wie es ist, ihr Mäuse: Ich habe mich in Bezug auf Männer mein Leben lang verstellt. Und das bereue ich zutiefst.

Wie bei so vielen Komplexen und Unsicherheiten liegt der Ursprung dafür in der Schulzeit. Damals wollten die coolen Typen nichts von mir. Ich kann es ihnen auch nicht verübeln, ich sah ja selbst die meiste Zeit aus wie einer von ihnen:

Ein etwas merkwürdiger Style, dazu der unvorteilhafte Kurzhaarschnitt.

Für mich tat sich also ein völlig neues Universum auf, als ich gefühlt Jahrzehnte später checkte, dass Männer auf mich stehen. Wow! Trotzdem hatte ich bis dahin schon Komplexe vom Scheitel bis zur Sohle, und die schüttelt man nicht von heute auf morgen ab.

Dates habe ich deshalb akribisch vorbereitet, alles musste perfekt sein. Was heißt alles – *ich* sollte perfekt sein! Was ich vor einem Date alles aufgefahren habe, war völliger Wahnsinn. Vier Stunden lang habe ich meinen Körper komplett generalüberholt. Für ein verdammtes Date!

Dabei wurde jede auch noch so kleine Körperstelle sorgfältig von mir begutachtet. Die Brustwarze noch ein zehntes Mal auf diese zwei schwarzen Haare untersucht, die da immer völlig wie aus dem Nichts herauswachsen. Ich kann mir bis heute wirklich keinen Reim drauf machen, warum die ausgerechnet da wachsen müssen! Erst ist da lange Zeit nichts – und von einem Tag auf den anderen lungert da plötzlich ein sehr langes, dickes und schwarzes Rosshaar an meinem Nippel herum. Woher kommt das so schnell – und warum in aller Welt kann mein Haupthaar nicht auch so schön dick sein? Anscheinend wäre mein Körper durchaus in der Lage, solche Haare zu produzieren. Aber eben nur an der falschen Stelle.

Mein Programm zur Date-Vorbereitung sah jedenfalls in etwa so aus:

duschen,

überall rasieren,

sich noch in der Hektik mit der Klinge schneiden, weil ich unbedingt auch an den entlegensten Stellen ein Härchen entfernen wollte,

danach völlig übertrieben schminken,

Haare stylen,

Outfit aussuchen

und zehnmal verwerfen,

vorm Spiegel posen,

Schreikrampf,

Nervenzusammenbruch,

und alles noch mal von vorne.

Vier Tage vorher habe ich mich schon mit Selbstbräuner eingerieben, damit auch die perfekte Bräune erreicht wird. Für'n Arsch! Am Tag des Dates war ich dann nämlich von oben bis unten orange gefleckt. Statt wie ein von der Ibiza-

Sonne geküsstes Topmodel zum Treffpunkt zu schweben, sah ich aus, als hätte ich eine unheilbare Hautkrankheit. (Diesen Style bevorzuge ich ehrlich gesagt bis heute. Alles besser, als käseweiß herumzulaufen, das ist einfach nicht meins.)

Am Ende bin ich jedenfalls aufgebrezelt wie eine Dragqueen zur Verabredung gestöckelt. Den Blick dabei konzentriert auf den Boden gerichtet, um auch ja nicht auf dem Kopfsteinpflaster zu stolpern und mir am Ende das Bein zu brechen.

Was bei der ganzen Vorbereitung in meinem Kopf abging? Das wollt ihr eigentlich nicht wissen. Ich erzähle es euch trotzdem.

Mein innerer Dauermonolog:

»Ja geil, endlich mal wieder ein Date. Endlich wieder die Chance, Mister Right kennenzulernen. Ich sehe schon die Hochzeit. Das Kleid! Die Ringe! Dann bekommen wir ein Baby. Wohooooo!«

Einfach völlig übertrieben. Das nenne ich mal Mindfuck vom Allerfeinsten.

Beim Date selbst war ich dann die ganze Zeit damit beschäftigt, eine besonders coole und witzige Maus zu sein. Wie eine Schauspielerin. Mein Date sollte mich geil finden, das war das einzige Ziel. Deshalb war ich nicht in der Lage, lässig und ich selbst zu bleiben – sondern habe mich stattdessen die ganze Zeit ganz schlimm parodiert. Also mega-überzogen benommen, viel zu laut und voll drüber.

Die aufgekratzte Evelyn-Version.

Alles aus meiner Unsicherheit heraus, denn die wollte ich schließlich überspielen. Ich war damit so beschäftigt, dass ich überhaupt keine Kapazitäten mehr hatte, den Mann mir gegenüber überhaupt kennenzulernen.

Wenn das Date dann vorbei war und wir uns verabschiedet hatten, lief ich in der Annahme, dass er mir vielleicht noch einmal hinterherschauen könnte, so komisch gekünstelt davon. Als hätte ich mir gerade groß in die Hose gemacht.

Mit Würde hat so ein Date – wie ich es praktiziert habe – also eigentlich nicht viel zu tun. Merke: Die Würde des Menschen IST antastbar. Dating ist einfach ein alter Weirdo. Oder macht uns zumindest zu Weirdos.

Tragisch war, dass es mir nur darum ging zu gefallen.

Dieses Verhalten zieht am Ende des Tages logischerweise die falschen Männer an. Aus diesem Grund habe ich all die Jahre ganz viele kurze Beziehungen gehabt und nie eine lange Liebe erlebt.

Und alles nur, weil ich mir Anerkennung von den Kerlen gewünscht habe, um mich selbst gut und bestätigt zu fühlen.

Klar, im Leben geht es immer darum, geliebt zu werden und dazuzugehören. Ich habe dieses Prinzip aber ab absurdum geführt. Vielleicht war es aber auch so, dass ich mich deshalb bei Dates komisch verhalten habe, weil ich spürte, dass es nicht passt zwischen dem Mann und mir? Und ich diese Unsicherheit dann mit meinem Verhalten überspielt und kompensiert habe – und die Unsicherheit des anderen dann noch gleich mit. Und ganz bestimmt aber habe ich mich so verhalten, weil ich mich selbst noch gar nicht richtig gefunden hatte.

Dass mich das menschlich und auch sexuell überhaupt nicht weiterbringt, habe ich all die Jahre nicht umrissen. Damit ihr aber die Chance habt, diese Abkürzung im Leben jetzt gleich nehmen zu können, erzähle ich euch das alles. Nehmt nicht den langen Weg wie ich.

Während Frauen völlig gaga sind, viel zu laut, viel zu aufgeregt – halt einfach aufgescheucht wie ein Huhn –, gehen Männer zu einem Date – ja, wie eigentlich? Genau so, wie sie sind. Ende.

Wenn es hochkommt, wäscht sich ein Mann noch schnell seinen Penis im Waschbecken. Danach zieht er los.

Ganz ehrlich: Wie viele Männer haben ihre Socken ausgezogen, und ich war mir auf einmal nicht sicher, ob ich es hier mit einem Greifvogel oder einem Menschen zu tun habe? Beim Anblick von so irre langen und ungepflegten Zehennägeln. Und ich dachte mir nur: Alter, so gehst du vor die Tür, oder was? Ich richte mich hier vier Stunden lang detailverliebt her, und du schneidest nicht mal deine Fußnägel?

Aber natürlich haben die Männer völlig recht, wenn sie sich zeigen, wie sie sind. Denn nur so haben sie die Chance, eine Frau zu finden, die sie genau so lieben wird, wie sie sind. Wenn ich aber ständig vorspiele, eine andere zu sein, wird mich ein Kerl nie so lieben können, wie ich wirklich bin. Weil er mich ja gar nicht kennenlernt, sondern nur meine Rolle. Ihr versteht meinen Punkt, oder?

Jedenfalls dauerten die Beziehungen in meinen Zwanzigern immer so zwischen zwei und vier Wochen. 14 Tage lang waren es die großen Gefühle, ich war enthusiastisch und dachte wirklich jedes Mal: Der ist jetzt die Liebe meines Lebens! Ich habe die Kerle reihenweise zu meinen Eltern geschleppt und sie ihnen vorgestellt, Pärchenfotos gemacht, Pläne geschmiedet, von der Zukunft geträumt, sie in meinen Freundeskreis eingeführt, das ganze Programm.

Dann bemerkte ich auf einmal, dass ich es meganervig finde, wie er redet.

Oder wie er von der Zigarette abascht.

Oder dass er riesige Nasenlöcher hat.

Oder dass er Wörter komisch ausspricht.

Ging gar nicht.

In den nächsten zwei Wochen musste ich dann schauen, wie ich die Typen schnell wieder loswurde.

Eigentlich habe ich getickt wie ein Raubtier: Ich wollte die Männer erobern. Ich fand es so geil zu sehen, dass sie auf mich abfahren. Dass das wirklich passiert!

Wenn ich sie dann aber hatte, waren sie mir ganz schnell wieder zu blöd.

Und der Sex … der war immer schlecht.

Weil ich mich ständig verstellte, konnte ich mich natürlich auch nicht fallen lassen – und so hatte ich auch nie richtig Lust aufs Liebemachen. Ein hübscher Teufelskreis, kann ich echt nicht empfehlen.

Mit Ende 20 hatte ich dann meine erste längere Beziehung mit einem Mann, der eigentlich gar nicht richtig zu mir gepasst hat. Aber irgendwie war er trotzdem gut für mich. Denn durch diese Beziehung, in der mir so viele Sachen nicht gepasst haben, habe ich erstmals überhaupt verstanden, was ich in einer Beziehung wirklich brauche. Beweis? Eine Woche nach der Trennung habe ich meinen heutigen Ehemann kennengelernt.

Jaahaa, und zwar bei Tinder, Freunde! Meine Trefferquote dort: genial! Mein Ex-Freund war mein zweites Tinder-Date und mein Ehemann mein viertes.

Dabei entspricht Alex eigentlich null meinem Beuteschema. Aber irgendetwas hat mich dazu gebracht, dass ich ihm ein Like gab – obwohl seine Fotos unmöglich waren: Auf einem Bild kniete er als Touri mit einer gefakten Ray-Ban-Sonnen-brille in der Russenhocke auf einer Mauer. Mehr Klischee geht echt nicht. Das andere war ein komisch gestelltes Orchester-bild, auf dem Alex mit seiner Trompete posierte. Vielleicht war es Schicksal, anders kann ich es mir nicht erklären.

Denn Alex ist genau das, was ich brauche.

Ein paar Tage später trafen wie uns in einer Bar und begannen ohne große Umschweife gleich mit dem Saufen. Nach zwei Gläsern Wein war ich eigentlich schon dicht, richtig classy. Aber es war irgendwie magisch, von diesem Abend an waren wir ein Paar.

Drei Wochen später sind wir zusammengezogen. Das war einfach gleich so ein Soulmate-Ding zwischen uns. Und klar war ich am Anfang auch wieder wie ein aufgescheuchtes Huhn unterwegs. Habe mich aufgerüscht wie nur sonst was. Dank der paar Gläser Wein hat Alex mich dann aber doch gleich so kennengelernt, wie ich wirklich bin. Jedenfalls wür-de ich das heute nicht mehr machen, sondern viel natürlicher zu einem Date gehen – und auch viel gelassener. Also in der Theorie. ;)

Heute weiß ich:

Wenn du nicht bei dir selbst bist, passiert ganz sicher eins: Du wirst nicht den richtigen Partner für dich finden.

Hör in dich rein, sei du selbst. Meiner Meinung nach ist es im Leben gut und wichtig, komische Beziehungen zu führen und merkwürdige Dates zu haben. Weil es ein wichtiger Prozess ist, sich selbst zu finden. Nur so verstehen wir, was wir brauchen, was wir wollen und wer zu uns passt. Das dauert manchmal viel länger, als wir es uns anfangs gedacht oder gewünscht haben. Deshalb: Stresst euch nicht, wenn ihr mit Ende 20 oder Anfang 30 noch nicht den perfekten Partner oder die perfekte Partnerin gefunden habt. Gut Ding will Weile haben, okay?

Kapitel 4

FINDET EURE SCHEIDE SCHÖN

Wenn es eine Sache gibt, über die ich mich richtig doll aufregen kann, dann ist das der Schönheitswahn bei Scheiden.

Wer hat sich das eigentlich ausgedacht, dass eine Vulva auszusehen hat wie ein softes, ebenmäßiges Burger-Brötchen?

Hat sich irgendjemand schon mal mit dem Aussehen von Hodensäcken auseinandergesetzt? Nee! Aber ob unsere Schamlippen drinnen oder draußen sind und welche Größe sie haben, ist ein weltbewegendes Thema, oder wie?!

Wie absurd, dass es ein vermeintlich perfektes Bild der äußeren weiblichen Geschlechtsorgane gibt. Mir fallen spontan so viele Frauen ein, die sich untenrum unwohl fühlen, weil sie meinen, bei ihnen schauen die inneren Schamlippen zu weit raus. Diese Scham um die Schamlippen muss aufhören, ich meine es ernst!

Dabei gehe ich nicht mal mit gutem Beispiel voran, ich will euch gar nichts vormachen. Eigentlich schäme ich mich ständig für alles Mögliche – obwohl ich von meinen Eltern so nie erzogen wurde. Keine Ahnung, woher das kommt.

Wenn das Badezimmer nach dem Kacken stinkt, schäme ich mich.

Wenn ich Ausfluss habe, schäme ich mich.

Wenn ich eine Leggins trage und man sieht die Konturen meiner Schamlippen durch, schäme ich mich.

Was ist bloß kaputt mit mir – und vielleicht auch mit euch –, dass wir uns für unseren Körper und die völlig natürlichen Vorgänge, die mit ihm zu tun haben, schämen?

Ich sage: Schluss mit der Schämerei!

Wenn sich mehrere Frauen unterhalten und eine dann behauptet, sie sei die Glückliche mit einer kleinen Babyscheide, erntet sie neidische Blicke. Dabei wissen wir alle, dass die Scheide einer erwachsenen Frau in den allerallermeisten Fällen *nicht* so aussieht. Das Schlimmste an der ganzen Sache ist, dass wir Frauen uns den Druck, dass unsere Scheiden ganz besonders mädchenhaft und unscheinbar auszusehen haben, selbst machen. Aber wie kommen wir überhaupt auf so ein Ideal? Ist das die Schuld der Pornoindustrie? I don't know. Auf jeden Fall saudumm.

Ja, ich habe mich umgehört. Männern ist das völlig egal, wie die Scheide ihrer Frau, Freundin oder Geliebten im Detail aussieht! Kein Witz. Die Kerle sehen doch vor lauter Geilheit gar nichts mehr, wenn wir nackt neben ihnen liegen, auf ihnen sitzen oder vor ihnen stehen. Die wollen uns anfassen, lieben und spüren, dass wir geil auf sie sind.

Glaubt ihr ernsthaft, dass irgendein Typ irgendwann wirklich mal eine Pause machte und dachte:

»Ah, krass, die inneren Schamlippen gucken raus – das sieht ja kurios aus.«

Never ever, da gebe ich euch Brief und Siegel drauf.

Also bitte, tut euch diesen einen Gefallen und verschwendet nie wieder einen einzigen Gedanken daran, ob eure inneren Schamlippen rausgucken oder größer sind als die äußeren. Ihr macht euch damit völlig unnötig selbst fertig. Freut euch doch einfach über die wunderschönen Gefühle, die ihr mit und durch eure Vagina empfinden könnt. Liebt eure Scheide so, wie sie ist. Jede ist auf ihre Art schön und einzigartig. Und noch ein Gedanke dazu am Rande: Würdet ihr ähnlich kritisch den Penis eures Freundes anschauen, wie ihr eure eigene Scheide bewertet? Höchstwahrscheinlich nicht. Also Schluss damit!

Wenn wir schon beim Thema »weiblicher Körper« sind: Brüste! Ob groß, ob klein, ob prall oder hängend – Männer vergöttern sie. Und Frauen? Kritisieren sie.

Und das ist verdammt dämlich von uns! Wenn ich mich mit meinen Freundinnen treffe und wir alle blankziehen und dann eine sagt: »Guck mal, wie die bei mir hängen!«, dann denke ich: »Ist doch scheißegal, dein Busen sieht megaschön aus!« Ich würde wirklich gerne meinen eigenen Körper mit den Augen sehen, mit denen ich die Körper meiner Freundinnen betrachte. Warum schafft man es so schwer, sich selbst die Liebe und Wertschätzung zu geben, die man anderen entgegenbringt?

Überhaupt, wer definiert eigentlich, wie das vermeintlich perfekte Paar Brüste oder eine vermeintlich perfekte Scheide auszusehen hat? Die Gesellschaft? Wir denken das doch nicht, weil wir dumm sind, sondern weil uns irgendjemand eingetrichtert hat, dass wir so oder so auszusehen haben. Weil irgendeine Instanz festlegt, was als schön und begehrenswert gilt. Und wir glauben das. Warum ist unsere Wahrnehmung für den eigenen Körper nur so verzerrt? Ich verstehe es wirklich nicht.

Und ja, ich rede jetzt so schlau daher. Aber ihr kennt mich. Ich bin keinen Deut besser als alle anderen Mädels da draußen.

Ihr wollt ein Beispiel?

Mein Po!

Ich könnte mich ständig über mich selbst ärgern, dass ich immer wieder zu meinem Mann sage:

»Schau mal, mein Arsch sieht komisch aus!«

Dabei feiert mein Mann meinen Allerwertesten wie die Brasilianer den Karneval.

Weil er ihn liebt, wie er ist.

Und ich kann es nicht nachvollziehen. Aus meiner Sicht ist mein Po nicht unbedingt der Höhepunkt meines Körpers. Aber Alex hat halt einen Narren an ihm gefressen, was doch eigentlich wunderschön ist.

Doch anstatt dass ich mich darüber freue, versuche ich, meinen komischen Arsch vor meinem Mann zu verstecken. Vollkommen verrückt, ich weiß.

Ich dumme Nuss verlasse also manchmal den Raum rückwärts. Wie ein komischer Roboter, der falsch eingestellt wurde. Alles nur, damit er meinen Po nicht sieht.

»Evelyn, alles okay bei dir … warum läufst du so komisch?«

Das geht natürlich vollkommen nach hinten los. Denn mit

solchen crazy Aktionen bringen wir die Männer ja erst dazu, darüber nachzudenken, ob der Po wirklich komisch aussehen könnte. Von sich aus kommt Alex gar nicht drauf, weil er ihn ja geil findet. Und ich mache mich selbst zur Buhfrau, weil ich penetrant darauf hinweise, wie komisch mein Körper ist:

»Schau mal, Schatz, wie meine Oberarme schlackern! Da wackelt ja alles!«

So dumm, wir müssen halt einfach mal die Klappe halten.

Ich habe das leider noch immer nicht verinnerlicht und treibe meinen Mann damit regelmäßig in den Wahnsinn. Mein einziger Trost ist, dass ich damit nicht allein bin. Diesen Dachschaden haben fast alle Frauen.

Wir Frauen bewerten unseren Körper einfach ununterbrochen. Und das nicht gerade wohlwollend, sondern brutal. Coole Männer würden das so nie tun, sondern nur Vollidioten. Kerle finden Brüste, Po und Scheide von Haus aus nämlich zum Niederknien. Und wenn wir uns eine einzige Sache von den Jungs abschauen können, dann ist es das:

Eine Frau betrachten und dabei nicht mehr fertig werden vor lauter Bewunderung.

Wir sollten dankbar sein für diesen Tempel, in dem wir leben dürfen. Der uns so vieles verzeiht.

Die Tüte Chips neulich.

Und die zweite, die dann noch hinterher musste.

Die Partynächte.

Und die Tage nach den Partynächten. Und die Nächte nach den Tagen nach den Partynächten.

Sogar die jahrzehntelange hormonelle Verhütung hat unser Körper uns verziehen.

Wobei wir schon beim nächsten – sehr wichtigen – Thema wären. Ich sag es euch, ihr Lieben: Wenn ihr nicht schwanger werden wollt, dann lasst die Cobra erst gar nicht in den Käfig. Vorher rausziehen ist zumindest keine Verhütungsmethode. Haben wir so gemacht – hat nicht funktioniert. Bunga Bunga und dann mal schauen? Bei mir kann man das zumindest nicht Verhütung nennen. Aber: Ich bin jetzt 33 Jahre alt und habe so gar keine Lust mehr auf hormonelle Verhütung. Zwei Schwangerschaften, zwei Geburten, zwei Milcheinschüsse, zweimal abstillen. Ich finde, mein Körper hat an hormonellen Umstellungen genug durchgemacht.

Was also tun?

Ich kam auf die geniale Idee, dass sich mein Mann sterilisieren lassen könnte. Das Beste ist: Alex sieht es voll ein.

Neulich sitzen wir beim Essen mit Freunden.

Ich erzähle zwischen Rotwein und Dips von der Sache mit der Sterilisation.

Da sagt meine Freundin:

»Damit wartet ihr aber schon noch, Evelyn. Das ist doch ein großer Schritt. Wer weiß, vielleicht trennt ihr euch eines Tages, und Alex will noch mal Kinder haben.«

BÄHM, das saß!

Ich glaube, ich habe meine Freundin mit Blicken getötet.

Na klar, vielleicht will Alex mit 50 tatsächlich noch mal eine 28-Jährige bumsen! Sorry, mein Fehler, auf den Gedanken hätte ich ja selbst kommen können. Da nehme ich doch gerne für die nächsten 20 Jahre die Pille. Ehrensache, wenn der liebe Alex dann eine zweite Familie gründen möchte, während ich mit den Wechseljahren zu kämpfen habe.

Nee, Leute, da bin ich raus.

Das kann echt nicht sein, dass für uns Frauen das Thema »Kinderkriegen« mit ca. 40 Jahren vorbei ist, wir aber noch weitere zehn Jahre fürs Verhüten verantwortlich sein sollen, damit der Kerl irgendwann vielleicht noch mal eine zweite Runde einlegen kann. Hallo, ihr Wissenschaftler dieser Welt, da muss doch eine bessere, gerechtere Lösung gefunden werden?

Was ich euch aber unbedingt mitgeben möchte:

> Seid gut zu eurem Körper.
> Das Leben, jeder Tag, ihr selbst, alles ist ein riesengroßes Wunder. Vermiest euch das nicht, indem ihr euren Körper vor euch selbst oder eurem Partner schlechtmacht.

Kapitel 5

SHOWSCHLAFEN & REISE-VIBRATOR

In meinen Zwanzigern hatte ich genügend Gelegenheit für Sex, und die habe ich auch genutzt. Anstatt den Sex aber zu genießen, war ich damit beschäftigt, währenddessen eine gute Figur zu machen. Und wir alle wissen, dass beides nicht funktioniert:

Die Schokoladenseite präsentieren und gleichzeitig den Kopf ausschalten, um Spaß zu haben.

Im Grunde schoss ich mir in all der Zeit ständig Eigentore. Denn Männer haben beim Sex überhaupt nicht die Hirnkapazität, um darauf zu achten, wie flach der Bauch ihrer Partnerin jetzt genau ist oder ob da irgendwo ein bisschen Cellulite am Oberschenkel zu sehen ist. Ganz im Gegenteil: Männern ist es in den allermeisten Fällen völlig schnuppe. Für sie gibt es nämlich nichts Tolleres als eine Frau, die den Sex mit ihnen so richtig genießt. Die sich gehen lassen kann und am Ende zum Höhepunkt kommt. Allein die Tatsache, dass wir den Sex mit ihnen toll finden, macht Männer unheimlich an.

Da müsste es uns doch eigentlich ziemlich leichtfallen, uns mit jeder Pore unseres Körpers fallen zu lassen.

So weit die Theorie.

Dass es paradoxerweise unfassbar schwer ist, sich beim Sex gehen zu lassen, weiß ich am allerbesten. Scheinbar gibt es im Kopf irgendwo einen Schalter, der erst umgelegt werden muss, bevor das klappt. Ich selbst habe diesen Schalter erst ziemlich spät entdeckt, und in meinen gesamten Zwanzigern habe ich mich darauf konzentriert, beim Sex möglichst schick auszusehen. Also: Bauch einziehen und bloß nicht die Brüste unvorteilhaft zur Seite hängen lassen.

Klingt nicht gerade nach Spaß – und das war es auch nicht.

Ich habe mich ja auch krass beim Dating verstellt und war meistens vollkommen drüber. So war es auch beim Sex. Und danach war es immer noch nicht vorbei mit meiner komischen Vorstellung. Vor allem, wenn ich bei einer meiner Eroberungen übernachtet habe. Obwohl wir alle von unseren Muttis eingeschärft bekommen haben, dass wir in Notfallsituationen zwar das Zähneputzen weglassen können, aber Abschminken unbedingt sein muss, blieb mein komplettes Make-up die ganze Nacht drauf. Der Typ sollte mich schließlich unter keinen Umständen ungeschminkt sehen. Heute finde ich dieses Theater lächerlich: Denn wenn er mich ungeschminkt nicht mag, ist er wohl nicht der Richtige für mich.

Aber damals setzte ich noch einen drauf und ließ beim Schlafen auch den Kaugummi im Mund. Schließlich könnte ich am nächsten Morgen aus dem Mund müffeln, und wie peinlich wäre das? Ist den drohenden Erstickungstod allemal wert.

Aber sind wir doch mal ehrlich: Jeder hat morgens ein bisschen Mundgeruch, das ist nur menschlich. Aber ich schämte mich halt für alles Mögliche, was andere als völlig normal empfinden. Ich erwachte also im Bett eines tollen Mannes – natürlich völlig unausgeschlafen –, und mein erster Gedanke:

Hoffentlich lasse ich jetzt keinen fahren!

Meine Augen waren eklig verklebt von der Wimperntusche.

Der Kaugummi hatte sich über Nacht in meinem Mund zu einem geschmacklosen Brei verwandelt.

Irgendwie keine schöne Vorstellung, oder? Ich bin aber noch nicht fertig.

Jetzt kommt mein peinlichstes Highlight: Ich nenne es »Showschlafen«.

Wenn der Typ morgens nach dem Aufwachen direkt aufs Klo ging, nutzte ich die Zeit, um mich extra-künstlich im Bett zu drapieren – damit ich ja hübsch aussehe, wenn er aus dem Bad zurückkommt. Dabei wissen wir doch alle, dass niemand, wirklich niemand, mit Körperspannung und Duckface schläft. Aber ich war wirklich der Hoffnung, dass er denken könnte:

»Boah, wie schön die da liegt und schläft. Sie sieht echt mega aus. Voll die Traumfrau!«

Die Sache ist doch die: Wenn dich ein Mann richtig bezaubernd findet, dann ist es ihm vollkommen egal, ob dir beim Schlafen mal ein kleiner Furz rausfliegt oder du schnarchst. Als ich die Füße meines heutigen Ehemannes Alex zum ersten Mal sah – ich erzählte euch schon davon –, spürte ich zum ersten Mal in meinem Leben, was es bedeutet, jemanden einfach wunderbar zu finden. Und zwar bedingungslos. Trotz unschöner Fußnägel. Bei jedem anderen Flirt hätte ich beim Anblick der ungepflegten Füße schnellstmöglich Reißaus genommen. Aber wenn der Richtige vor dir steht, relativiert sich eben alles – es ist wie Zauberei. Was dich bei anderen Männern auf die Palme bringt, stört dich auf einmal nicht mehr.

Deshalb ist es nichts weiter als Zeitverschwendung, sich zu verstellen und so einen Affenzirkus abzuziehen, wie ich es jahrelang gemacht habe.

Ich wurde damals sogar von den Typen morgens in Bett darauf angesprochen, ob ich denn immer einen Kaugummi im Mund hätte.

Also: Bleibt euch selbst treu und gebt nicht vor, jemand anderes zu sein. Beim Sex ist das dummerweise besonders schwer. Wer traut sich schon, direkt beim ersten Mal zu sagen, welche Berührungen oder Stellungen er oder sie gerne hat?

Dabei hatte ich schon früh erkannt, wie gut sich Sachen untenrum anfühlen können. Und ich wusste eigentlich auch schon in meiner Teenagerzeit, was ich brauche, um einen Höhepunkt zu erleben. Leider war es mir aber viel zu peinlich, das gegenüber anderen offen zu kommunizieren.

In Gegenwart von anderen konnte ich mich kaum fallen lassen. Und mich selbst berühren, während ein Mann dabei war? Auf so eine Idee wäre ich nie gekommen.

Ich überlege gerade, wie beschissen es sich für mich anfühlen würde, wenn ich das Gefühl hätte, ein Mann würde mir beim Sex die ganze Zeit etwas vorspielen. Da würde ich mich verarscht fühlen und auch ein bisschen unheiß. Da hätte ich voll die Komplexe und würde denken, es liegt an mir.

Wahrscheinlich kostet es fast jede Frau Überwindung, einem Typen zu sagen, dass sie sich beim Sex selbst anfassen möchte, um zum Höhepunkt kommen zu können.

Keine Ahnung, wie viele es wirklich sind, aber ich würde mal schätzen, dass nur die allerwenigsten Frauen einen Orgasmus erleben, nur weil der Mann seinen Schwanz in sie reinsteckt. Alle anderen brauchen einfach die Stimulation am Kitzler, so wie ich. Und zwar unbedingt, sonst kommt einfach kein Orgasmus zustande.

Aber das habe ich mich eben all die Jahre nicht zu sagen getraut. Obwohl ich sonst eigentlich schlagfertig bin. Ich habe sogar schon Blowjobs mit den Worten abgebrochen:

»Du, sorry, ehrlich gesagt habe ich da gerade gar keinen Bock drauf.«

Auf der einen Seite bin ich also stark genug, meine Meinung offen zu sagen. Auf der anderen Seite schaffte ich es nicht, etwas dafür zu tun, so richtig Spaß im Bett zu haben. Das Paradoxe war, dass ich exakt wusste, was mich anmacht und wie ich einen Orgasmus haben kann. Aber ich traute mich einfach nicht, das klar zu kommunizieren, weil ich mich ganz komisch selbst unter Druck gesetzt habe. Wahrscheinlich sind nur Frauen in der Lage, eine so merkwürdige emotionale Konstellation nachzuvollziehen, weil wir als Wesen alle ein wenig widersprüchlich sind.

Sex war für mich also lange Zeit eher so, als würde ich eine Vorstellung geben.

Wie sehe ich aus?

Was macht das für einen Eindruck?

Liegen die Brüste schön, steht das Bein dekorativ, sitzt die Frisur?

Ich habe alles ein bisschen gefakt. Schließlich wollte ich, dass es schnell wieder vorbei ist – so richtig heiß fand ich es nämlich nicht. Logisch, wenn man dabei keine Lust empfindet.

Als ich mich mit Ende 20 von meinem Freund getrennt hatte, flog ich mit meiner besten Freundin Vroni ein paar Tage nach London. Irgendwann standen wir in einem Drogeriemarkt. Ich schlenderte so durch die Reihen und stand plötzlich vor einem Regal mit allerlei Sexspielzeug. Da gab es auch kleine Reise-Vibratoren.

Und weil ich ein großer Fan von vibrierenden Dingen bin, dachte ich mir: »Den kaufst du dir jetzt und nimmst ihn zu jedem Date in deiner Handtasche mit. Und wenn du Sex hast, packst du das Ding aus und lässt es dir so richtig gut gehen.«

Dieser geniale Gedanke war für mich ein echter Game Changer.

Dreimal dürft ihr raten, wer nach dem Reise-Vibrator-Kauf mein erstes Date war:

Alex, mein späterer Ehemann! Meinen guten Vorsatz habe ich tatsächlich in die Tat umgesetzt: Der Mini-Vibrator kam direkt zum Einsatz. Ich war natürlich superstolz auf mich, weil ich mich getraut habe, ihn im richtigen Moment aus der Handtasche zu fischen. Und Alex? Der fand es super. Er hat nicht mal irritiert geschaut. Als wäre es das Normalste der Welt, dass ich meinen kleinen Vibrator mit ins Bett bringe.

Und es war der Anfang zu etwas wahrlich Wunderbarem. Denn mit Alex habe ich meine Sexualität erst so richtig entdeckt. Und verstanden, dass es darum geht, dass BEIDE Spaß haben, und wie schön es sich anfühlt, exakt das miteinander tun zu können, worauf man Bock hat. Klar, diese Erkenntnis wäre ein paar Jahre früher besser gewesen. Auf der anderen Seite hätte ich Alex aber auch erst mit Anfang 60 kennenlernen können. Insofern: noch mal Glück gehabt.

Also, Ladys, scheut euch nicht zu sagen, was ihr braucht.

Kapitel 6

PERIODE, DU DUMME SAU!

Nach zwei Kindern kann ich euch sagen: Das wirklich Allerbeste an einer Schwangerschaft ist, dass die Periode ein schönes, langes Päuslein einlegt.

Neun Monate ohne Menstruation, das ist einfach der Himmel auf Erden.

Spätestens beim Wochenfluss – das ist diese etwa sechswöchige Blutung nach der Geburt – dachte ich: Wie kann man etwas, das einen seit 20 Jahren monatlich begleitet, so gar nicht vermissen?!

Mir zumindest haben meine Tage so wenig gefehlt, dass ich völlig verdrängt habe, dass es die Menstruation überhaupt gibt. Einfach null dran gedacht. Na ja, und dann kommt sie mit voller Wucht zurück. Das ist schon ein krasses Life, das wir Frauen leben, das kann ich euch sagen.

Erst kriegen wir unsere Periode, das ist schon mal schlimm genug, jeden Monat.

Dann bekommen manche von uns Kinder: Schwangerschaft, Geburt, Wochenfluss, Stillzeit.

Alles immer mit harten Hormonschwankungen verbunden.

Und als Krönung kommen zum Schluss noch die Wechseljahre mit Schweißausbrüchen und emotionalen Hochs und Tiefs.

Wie gemein ist das alles eigentlich? Und die Männer, die stehen daneben und sehen aus wie immer. Die wissen noch nicht mal, wie man Hormonschwankung schreibt.

Wir und unsere Periode, das ist im wahrsten Sinne des Wortes eine Never Ending Story. Eine Hassliebe. Sie gehört zu uns, und doch verdrehen wir jeden Monat die Augen, wenn sie sich ankündigt.

Allein schon dieses Wort: Pe-ri-ode.

Einfach dämlich. Das klingt doch schon zum Abgewöhnen.

Aber auch Tage, Menstruation, Mensis, Erdbeerwoche, Tante Rosa zu Besuch – alles scheiße.

Ihr seht schon, ich stehe mit meiner alten Bekannten »Periode« auf dem Kriegsfuß. Dabei habe ich im Gegensatz zu sehr vielen anderen Mädchen und Frauen noch nicht mal Bauchkrämpfe, Kopfschmerzen oder andere heftige Beschwerden zu ertragen. Aber psychisch geht es mir so richtig mies. Volle Kanone. Ich bin dann überempfindlich, sensibel und häufig sogar aggressiv. Und das Beste:

Jedes Mal bin ich aufs Neue überrascht über meine schlechte Laune.

Das läuft in etwa so ab: Ich frage mich eine Zeit lang, was mit mir los ist, wenn ich mal wieder so einen richtigen Scheißton draufhabe (auf den ich nicht stolz bin, das möchte ich hier mal festhalten). Nach dem zweiten Tag Miesepetra-Dasein schaue ich dann doch mal in meinen Kalender – und dann wird mir alles klar: Aaaaahhhh, Periode im Anflug!

Im Grunde finde ich es unglaublich, dass wir Mädchen und Frauen uns noch immer dafür rechtfertigen müssen, schlechte Laune zu haben oder komisch drauf zu sein, wenn wir menstruieren. Ich würde gerne mal einen Mann erleben, der aus seinem Pimmel blutet und dabei megahappy ist und die Zeit seines Lebens hat. Ich glaube nämlich, dass das einfach nicht geht. Und deshalb möchte ich, dass wir IN RUHE GELASSEN WERDEN, WENN WIR MENSTRUIEREN. Oder noch besser:

> Ich plädiere dafür, dass alle Welt Verständnis für uns hat, uns warme Decken und Snacks bringt oder uns auf einer Sänfte dahin trägt, wo wir gerade sein wollen. Und wenn Frauen extreme Schmerzen haben, sollte es auch einen Tag freigeben von der Arbeit. Das ist doch nicht zu viel verlangt.

Mein großes Glück ist, dass ich aus einer krass offenen Familie komme. Als ich mit 13 Jahren zum ersten Mal meine Periode bekam, war meine Mutter gerade verreist. Ganz großes Timing. Mein Vater war aber zum Glück da – und er ging so unfassbar natürlich und entspannt mit allem um, dass ich ihn heute noch dafür umarmen und abbusseln möchte.

Er hat mich ins Auto gesetzt, mir die Sitzheizung angestellt und ist mit mir in die Apotheke gefahren, damit wir Binden für mich kaufen können. Dann hat er angefangen, liebevoll mit mir zu sprechen:

»Evelyn, jetzt bist du eine Frau ...«

Oh Gott, das war natürlich genau das, was ich in diesem Moment NICHT hören wollte. Ich war schon so damit überfordert, dass ich zum ersten Mal meine Tage hatte, dass ich gar nicht richtig aufnehmen konnte, was mein Hobby-philosoph Papa da gerade über den Sinn des Frauseins erzählte. Na ja, und das war dann ja auch der Beginn meiner fürchterlichen Teenagerzeit. Da will man sich ohnehin keine schlauen Lebensweisheiten von den Eltern anhören. Mein armer Papa!

Lustigerweise habe ich fortan immer gemeinsam mit meiner Schwester Carolyn und meiner Mutter menstruiert. Später dann mit meinen Mitbewohnerinnen.

Für mich eines der großen Mysterien der Natur, dass Frauen, die in einem Haushalt leben, irgendwann gemeinsam ihre Tage haben. Why?! Es macht so keinen Sinn, denn dann haben alle zusammen schlechte Laune, wozu soll das also gut sein? Ganz ehrlich, die Biologie ist manchmal echt ein komischer Vogel.

Anyway, ich hoffe, dass es irgendwann keine einzige Frau und kein einziges Mädchen mehr auf diesem Planeten gibt, die ihre Periode als komisch oder gar als eklig empfindet. Und die sich mit niemandem umgeben muss, der oder die sich fragt, warum sie gerade so ätzend ist. Verdammt noch mal, das ist die natürlichste Sache der Welt! Genauso, wie wir einmal am Tag Stuhlgang haben, so blutet eben eine Frau einmal im Monat aus ihrer Vagina.

Scham ist da wirklich so was von fehl am Platz. Ich verstehe auch gar nicht, wo das Scheißproblem liegt und warum wir Frauen meinen, uns rechtfertigen zu müssen, oder uns nicht trauen, die Binden in den Müll zu werfen, weil dann jemand sehen könnte, dass eine blutige Binde im Müll liegt. Häh?! Ganz im Ernst, Leute, ohne uns und unseren Zyklus gäbe es keine neuen Menschenkinder. Sollte man vielleicht mal von dieser Seite betrachten.

Das Schlimmste am Menstruieren ist und bleibt für mich aber der Periodenschiss. Und jetzt erzählt mir nicht, ihr wüsstet nicht, was ich damit meine.

Hier mal eine kurze Erklärung für alle, die noch auf dem Schlauch stehen oder gut im Verdrängen sind:

Es handelt sich dabei um lavaartigen komisch-weichen extrem-stinkigen jaucheartigen Stuhlgang. Wenn dann auch noch der Tampon vielleicht eine oder zwei Stunden zu lange drin war, das gute Stück dann noch mit rausrutscht und sich da unten alles vermischt, dann willst du dich am liebsten anzünden.

Das sind die Momente in meinem Leben als Frau, in denen ich einmal laut SCHEIßE aus dem Fenster schreien will. Ein Tipp: Versucht es gar nicht erst mit Klopapier – stellt euch einfach direkt unter die Dusche.

In puncto »entspannt mit der Periode umgehen« ist meine beste und längste Freundin Vroni ein echtes Vorbild. Sie vergisst zuverlässig, dass sie ihre Tage bekommt, und bastelt sich dann unterwegs aus Klopapier irgendwelche Windeln, die nie halten. Ich schmeiß mich jedes Mal weg vor Lachen, wenn sie mit ihrem crazy Provisorium aus dem Klo kommt und dann doch alles in die Hose geht. Ich habe dabei noch nie erlebt, dass sie sich dafür entschuldigt oder sogar schämt.

Übrigens: Seitdem ich zum ersten Mal schwanger war, kommen mir keine Tampons mehr in die Scheide. No way! Warum das so ist, kann ich nicht erklären. Aber da ist so eine diffuse Abneigung in mir gewachsen. Ich benutze also nur noch Binden und habe neuerdings auch diese schicke Periodenunterwäsche für mich entdeckt. Erst war ich zu knauserig für die Teile, aber jetzt bin ich ein großer Fan.

Und by the way: Was ist »Binde« eigentlich für ein dämliches Wort? Ich wünsche mir, dass jede, die das gerade liest, ganz laut

B-I-N-D-E

sagt. Bescheuert, oder?

Gott sei Dank blute ich während meiner Periode eher wenig, worüber ich auch wahnsinnig froh bin. Aber: Meine Laune macht mir wirklich zu schaffen – und leider nicht nur mir! Alle anderen um mich herum müssen auch mit meiner kurzen Zündschnur leben und werden automatisch Teil des Dramas. Und es tut mir dann auch leid, dass ich meinem Mann alles andere als eine schöne Zeit bereite, weil ich ein schreckliches Scheusal bin.

Vielleicht liegt es in der Familie, denn meine Schwester hat die härteste PMS (das sind die Beschwerden in den Tagen vor den Tagen, ihr Leuchten), die die Welt je gesehen hat. Meine Mutter und ich nehmen uns dann schon immer in Acht vor Carrie-lyn. Was Hormone mit Menschen machen können, ey. Viel zu krass. Ich sag's ja: Die Periode, du dumme Sau.

Denn wenn ich meine Periode habe, könnt ihr mich einfach Klaus Kinski nennen.

Kapitel 7

SCHWESTER EVELYN

Ich habe euch schon erzählt, dass ich von der Schule geflogen bin. Im Grunde könnte man sagen, dass damit mein Leben erst seinen Lauf genommen hat. Auf diese Reise nehme ich euch jetzt wieder ein Stückchen mit. Denn wenn ich mich schon hinsetze und ein Buch schreibe, müsst ihr euch auch hier und da einen Schwank aus meinem Leben reinziehen. Also los.

Der spontane Schulabbruch war ein Schock.

Ihr müsst euch das so vorstellen: Mama und Papa leben in einem schönen alten Haus in einem Dorf bei Regensburg. So richtig heile Welt. Die beiden sind wahnsinnig liebe und herzliche Leute. Und fragten sich damals wahrscheinlich jeden Morgen, wie ausgerechnet sie an so eine Arschgeigen-Tochter wie mich gelangen konnten.

Heute vergöttere ich meine Eltern. Damals war ich aber eine bockige Jugendliche. Vor allem mein Vater konnte nicht verstehen, warum ich mich so ätzend verhielt. Und ich fand ihn auch total daneben – wie es sich für eine normal entwickelte 15-Jährige eben gehört. Im Ernst, Leute, zeigt mir einen Teenager, der mit seinen Eltern ein Herz und eine Seele ist. Ich versichere euch, da stimmt etwas nicht.

Es ist in dem Alter eben ein ungeschriebenes Gesetz, die eigenen Eltern auf eine liebevolle Art und Weise scheiße zu finden.

Ich war 15 Jahre alt, als ich von zu Hause auszog.

Und landete in Regensburg. Da denkt ihr jetzt sicher an eine mit Postern tapezierte, stinkende Studenten-WG. Nichts da, ich zog ins – Achtung! – Schwesternwohnheim.

Meine Idee war es nämlich, Krankenschwester zu werden. Das Schwesternwohnheim war das Beste, was mir zu dem Zeitpunkt hätte passieren können – auch wenn es das hässlichste Scheißhaus ever war. Brauner Teppich, braune Schrankwand, ein altertümlicher Muff, der einem schon entgegenkam, wenn man den Laden durch die Eingangstür betrat. Zu allem Überfluss hatte ich ein fucking Durchgangszimmer.

Aber alles besser, als zu Hause zu wohnen. Jetzt musste ich mit meinen Eltern nämlich keine Kämpfe mehr ausfechten und konnte mal mit mir klarkommen.

Ich glaube, für uns alle war das der ideale Weg. Heute sind meine Eltern und ich ja best friends. Aber damals brauchten wir Abstand voneinander.

Im Krankenhaus habe ich zum ersten Mal erfahren, wie es sich anfühlt, etwas mit Sinn zu tun. Die Krankheiten, der menschliche Körper, das hat mich alles total interessiert. Bis heute ist das eigentlich so. Wäre ich bis zum Abitur auf der Schule geblieben, hätte ich möglicherweise Medizin studiert. Wobei – seien wir ehrlich – ich höchstwahrscheinlich viel zu wenig Selbstdisziplin für so ein Studium aufgebracht hätte.

Was mich aber neben dem Medizinischen vor allem faszniert hat, waren die zwischenmenschlichen Geschichten auf der Station. Was man da alles über die Menschen erfährt, die kleinen Tragödien, die großen Gefühle. Das wahre Leben!

Während meiner Ausbildung habe ich auch verstanden, dass ich ein unglaublich gutes Gespür für Menschen habe. In der Pflege geht es vor allem darum, für die Patienten da zu sein. Wenn es ihnen richtig dreckig ging, war es für mich das Schönste, ihnen mit einem frechen Spruch oder einem guten Witz ein Lächeln ins Gesicht zu zaubern. Mir fiel immer etwas ein – und ich hatte null Berührungsängste.

Das ist vielleicht das ganze Geheimnis: Auch alte oder schwerkranke Leute wollen mal über einen dreckigen Witz lachen und den ganzen Kack um sich herum vergessen. Dafür hatte ich einen siebten Sinn. Ja, ich konnte ihnen ein gutes Gefühl geben – und das war wiederum für mich ein großes Gefühl.

Im Nachhinein habe ich damals schon mein Potenzial als Entertainerin voll ausgeschöpft.

Weniger großartig war hingegen das Arschabwischen. Auch das gehört zur Pflege dazu, ich fand es aber schrecklich!

Trotzdem habe ich es mit Hingabe gemacht. Das war für mich Ehrensache. Und doch hatte ich dabei glasige Augen, weil es mich so gewürgt hat.

Mir haben auch mehrere Patienten auf den Fuß geschissen. Vor allem im Sommer ist das ein bisschen unangenehm, wenn du offene Birkenstocks trägst.

Von der Tätigkeit her war das also eine harte Zeit in der

Pflege. Aber gleichzeitig auch eine richtig tolle Erfahrung, weil ich einen Sinn erkannt habe in dem, was ich tat. Und deshalb ging ich darin richtig auf.

Krankenschwester bin ich übrigens nie geworden, um hier exklusiv meine zweite Lebenslüge aufzudecken.

Es hat nur zur Krankenpflegehelferin gereicht.

Das ist von der Hierarchie her ein Posten über der Reinigungskraft und braucht deshalb auch nur ein Jahr Ausbildungszeit. Als Krankenpflegehelferin darfst du im Grunde nichts außer Ärsche abwischen, Blutdruck und Zucker messen. Mir wurde nur deshalb ein bisschen mehr am Patienten erlaubt, weil ich echt gut war und schnell gelernt habe.

Ich erzähle euch das alles, damit ihr wisst, dass ich nicht eines Tages aufgewacht bin und Showgirl war. Wie die allermeisten Menschen habe auch ich einen mehr oder weniger steinigen Weg hinter mir und brauchte einige Zeit, um zu kapieren, wo mein Platz im Leben ist und was ich besonders gut kann.

Das Krankenhaus war jedenfalls der Ort, an dem ich zum ersten Mal erkannte, worin ich gut bin:

Es ist das Zwischenmenschliche, das Aufheitern, das Entertainment.

Ich erkannte aber leider noch etwas anderes, was mein Leben auch prägen sollte: wie fies Frauen zueinander sein können. Wow, da fiel mir manchmal nichts mehr ein. Die Krankenschwestern bei mir auf der Station waren die Lästerschwestern par excellence. Gelästert wurde aus purer Gewohnheit und vorrangig übereinander – aber auch über mich.

Das ist natürlich alles schon sehr lange her, hat sich aber in mein Gedächtnis eingebrannt. Und erst vor Kurzem habe ich verstanden, weshalb Menschen überhaupt fies zu anderen sind: weil es ihnen selbst nicht gut geht. Das ist eine Erklärung, aber natürlich keine Entschuldigung. Es ist und bleibt eine richtig uncoole Art, Leute rundzumachen, nur weil man selbst einen beschissenen Tag oder ein blödes Leben hat. Die anderen können nichts dafür. Es ist also nicht in Ordnung, basta.

> **Deshalb: Seid doch bitte, bitte, bitte nett zueinander, und lasst eure destruktive Stimmung nicht an anderen aus. Und wenn es euch doch mal passieren sollte, was wirklich menschlich ist, dann habt wenigstens die Größe und entschuldigt euch für euer Verhalten.**

Wir empfinden andere Frauen auch oft als unsere Konkurrentinnen und werden dann garstig. Aber Mädels, jetzt sagt euch die Evelyn mal was: Wir sind hier nicht bei Germany's Next Topmodel. Das ist das echte Leben, und die Wahrheit ist, dass wir alle ins gleiche Loch scheißen. Es ist genug Platz für uns alle auf dieser Erde. Und eins steht ja wohl fest: Wir alle kriegen unser Stück vom Glück ab.

Ich quatsche hier so schlau daher, will mich aber überhaupt nicht ausnehmen oder gar behaupten, ich sei die Friedenstaube in Person. Manchmal bin auch ich kratzbürstig und unberechenbar – und für meine Mitmenschen geradezu unerträglich.

Auch ich lästere.

Das kann Spaß machen, darf aber nicht unter die Gürtellinie gehen, und man sollte auch rechtzeitig stoppen und wieder auf sich schauen.

Es wäre heuchlerisch zu sagen, wir Frauen müssen alle Freundinnen sein und uns gegenseitig supporten. Das wird nie passieren, da brauchen wir uns keine Illusionen zu machen. Schaut euch mal die Geschichte der Menschheit an, da gab es immer Leute, die sich gegenseitig die Augen ausgestochen haben. Es können sich halt nicht alle großartig finden. Und so ist es auch ganz menschlich, mal Dampf abzulassen und zu lästern. Das ist okay. Aber zu mobben ist es eben nicht. Das ist für mich ein wichtiger Unterschied.

Meine Mutter und ich waren mal in einem Teatro, da trat eine Trapezkünstlerin auf. Sie hatte derbe Dellen im Oberschenkel.
Ich meinte, ziemlich laut, zu meiner Mutter: »Boah, wie krass ist deren Cellulite denn bitte?!«
Meine Mutter reagierte nicht.
Ein paar Minuten später fiel es mir dann selbst auf, wie bitchig dieser Kommentar war, denn wir haben doch alle mehr oder weniger stark Cellulite. Warum soll diese Trapezkünstlerin also keine haben?
Frauen werden seit Jahrhunderten auf ihr Äußeres reduziert.
Wir sind das schon so sehr gewohnt, dass wir es automatisch selbst tun.
Und diese Anekdote zeigt, dass ich selbst manchmal so denke, obwohl ich das ganz schrecklich finde. Ich wünsche mir aufrichtig, dass wir (und damit meine ich ausdrücklich auch mich!) irgendwann schlau genug sind und mit diesem Bums aufhören.

Natürlich hat auch jede von uns die eine oder andere Frau in ihrem Bekanntenkreis, in deren Gegenwart krasse Gefühle in ihr hochkommen oder die einem auf den Sack geht. Ich habe das am Ende meiner zweiten Schwangerschaft selbst erlebt. Diese Geschichte ist auch ein Beweis dafür, wie komplett verrückt man durch die ganzen Hormone in der Schwangerschaft wird.

Ich war auf einer Party, da war auch eine andere Schwangere zu Gast. Natürlich hatte ich nichts Besseres zu tun, als mich die ganze Zeit mit ihr zu vergleichen und zu dem Schluss zu kommen, dass SIE viel toller, heißer und strahlender aussieht als ICH. Ich habe mich neben ihr dermaßen hässlich und unwohl gefühlt, dass ich am liebsten sofort wieder gegangen wäre.

In dem Moment war es mir nicht klar – aber meine Gefühle kamen daher, dass ich mich selbst überhaupt nicht mehr wohlgefühlt habe in meiner Haut. Zu dem Zeitpunkt wog ich um die 85 Kilogramm. Ich kam mir also vor wie ein angeschossener Walfisch. Und die andere sah in meinen Augen aus wie eine kleine Zauberfee.

Was ich auf dieser Party partout vermeiden wollte?

Dass mein Mann mich neben dieser Frau stehen sieht. Weil er dann denken könnte, wie heiß die andere Schwangere ist – und ich dagegen einfach nur aufgedunsen aussehe.

Merkt ihr, auf welche bescheuerten Gedanken man kommt, wenn man sich gerade nicht wohlfühlt? Dieser permanente Vergleich mit anderen Frauen ist einfach nur gaga.

Ich kann mit solchen Gefühlen nicht lange hinterm Berg halten und habe meinem Mann abends erzählt, dass ich es neben der anderen kaum ausgehalten habe. Er konnte nicht mehr vor Lachen und verstand keinen Meter, was mein Problem war. Weil er mich natürlich durch die Augen eines liebenden Ehemannes sieht. Oder er hat mich angelogen. Egal, was: guter Mann!

> Ihr seht: Ist man mit sich selbst nicht im Reinen, hält man es neben anderen tollen Frauen nicht gut aus, weil man – in der eigenen Wahrnehmung – dem Vergleich nicht standhalten würde.

Ich kenne das zu gut. Und ich weiß auch von ein paar meiner Freundinnen, dass sie mich nicht ertragen können, wenn es ihnen selbst schlecht geht. Scheinbar triggere ich mit meiner Art dann etwas bei ihnen, was sie richtig sauer macht.

Natürlich ist es so, dass man sich im besten Fall für die Freundinnen freuen kann, wenn es bei ihnen gerade bombig läuft. Wenn man sich selbst aber gerade richtig lausig fühlt und sich am liebsten hinter der Gardine verstecken würde, ist es nur menschlich, dass es nicht gelingt. Dann kann man das nicht sofort, und das ist auch mal okay. Solange es nicht in Neid oder Missgunst ausartet, sollte alles paletti sein.

Eigentlich müsste man dann natürlich den Mut haben und das offen ansprechen. Oder noch besser: genau hinschauen, sich dem Problem stellen und dann daran arbeiten. Das geht nicht immer, das weiß ich auch. Also bleiben wir locker und geschmeidig, wir Biester. Seien wir gut zu uns und den Frauen um uns herum.

Und manchmal fände ich es gar nicht schlecht, wenn eine Freundin zur anderen sagen würde:

»Du, mir geht's gerade so dreckig, ich kann deine Mega-Laune gerade nicht ab. Komm, lauf los und hol mir einen Döner!«

So schlimm Frauen zueinander sind, so großartig können sie aber auch in den verrücktesten Situationen zusammenhalten. Ich habe einen alten Trick, wenn ich auf missmutige Pissnelkenfrauen treffe oder bei einer Party zwischen den Mädels irgendwie eine toxische Stimmung herrscht: Ich lasse die Hosen runter.

Also im übertragenen Sinne.

Manchmal lüge ich auch – alles für eine bessere Atmosphäre.

Ich stelle mich also vor alle hin und sage:

»Boah, hatte ich heute Morgen einen Dünnschiss, ich hätte mir fast in die Hose gekackt!«

Ich verspreche euch, in dem Moment ist das Eis gebrochen. Ich kann es dann förmlich brechen hören.

Wir müssen den anderen einfach zeigen, dass wir auch Probleme haben und nicht immer alles so fantastisch ist, wie es auf den ersten Blick scheint. Wir alle lassen uns sowieso viel zu sehr blenden von dem, wie sich andere nach außen geben. Dabei gilt noch immer: Wir kriegen alle beim Kacken einen roten Kopf.

Jede hat ihr Päckchen zu tragen, jede hat ihre Komplexe und Selbstzweifel. Und da hilft es, bei der Vorstellungsrunde kurz hinterherzuschieben: »Ich sehe jetzt in diesem Moment vielleicht geiler aus als du, aber ich habe mir heute Vormittag aus Versehen in die Hose geschissen. Wollen wir Freundinnen sein?«

Probiert es aus!

Kapitel 8

NEHMT DAS LEBEN LEICHT, IHR BITCHES!

Seitdem ich dieses Buch schreibe, mache ich mir immer wieder Gedanken darüber, was ich euch mit auf den Weg geben möchte. Und je mehr ich darüber nachdenke, desto sehnlicher wünsche ich mir: dass wir alle das Leben im Allgemeinen nicht so schwer – und uns selbst nicht allzu wichtig nehmen.

Ich bin fest davon überzeugt, dass es sehr vielen Menschen unter der Sonne besser gehen würde, wenn sie eine andere Sicht auf die Dinge und eine bessere Haltung zum Leben hätten. Ich erkläre euch mal, wie ich das genau meine:

Ihr kennt bestimmt die Redensart:

»Du musst dahin gehen, wo es wehtut.«

Ich aber sage: Einen Scheiß müsst ihr!

Als müsste man sich quälen und hart anstrengen, um Erfolg zu haben oder es im Leben zu etwas zu bringen.

Mein Lieblingsbeispiel ist der Sport. Er macht mir keinen Spaß. Oh nein, noch viel schlimmer: Ich hasse ihn. Sport gibt mir nichts, und ich werde aggressiv, wenn mein Körper sich zu sehr verbiegen, auspowern und an sein Limit gehen soll. Ich weiß einfach nicht, wozu es gut sein soll, sich zu quälen.

Mir reicht es schon, wenn ich alle paar Wochen dem Paketboten hinterherhechten muss, weil der meine Babywiege im Laster hat und ich gerade nicht aufmachen konnte, weil ich dringend duschen musste. Mein Körper zeigt mir bei einer solchen Verfolgungsjagd dann schon ziemlich deutlich auf, dass es ihm reicht. Ich schwitze und schnaufe wie ein Tier.

Nee, Leute, Sport ist nichts für mich.

Dabei soll es auch Menschen geben, denen Leibesertüchtigungen einen Kick geben. Anscheinend fühlen sie sich nach dem Sport sogar besser als vorher! Aber ich gehöre einfach nicht zu dieser Spezies. Dabei würde ich das gerne! Und ich habe wirklich alles versucht.

Irgendwann hat mein Mann gesagt, dass er nicht mehr mit mir ins Fitnessstudio geht, weil ich ihn so krass runterziehe mit meiner Anti-Sport-Haltung und ihm sein Work-out dann keinen Spaß mehr macht. Auch eine Ansage, oder?

Kennt ihr diese Paare, die einträchtig nebeneinanderher durch den Park joggen? Mein Mann und ich haben es versucht. Mit dem Ergebnis, dass wir uns anschreien und getrennte Wege nach Hause gehen müssen.

Ihr werdet es nicht für möglich halten, aber ich habe neulich von einer Studie gelesen. Manchmal dringt auch so etwas zu mir durch, obwohl Lesen nicht so mein Ding ist.

(Könnte daran liegen, dass ich die Konzentrationsspanne einer Zweijährigen habe.)

Jedenfalls, die superschlauen Wissenschaftler haben herausgefunden: Wenn man Sport einfach nicht mag, dann fühlt man sich danach wirklich nicht besser, sondern eben beschissen. Exakt wie bei mir. Meine Abneigung ist also wissenschaftlich bewiesen, was ich ziemlich großartig finde.

Und nein, ich liege nicht permanent auf dem Sofa herum und chille mein Leben. Ich gehe beispielsweise megagerne spazieren und fahre auch Fahrrad. Aber in dem Moment, in dem es zu anstrengend wird, verliere ich die Lust und springe ab. Und hier sind wir beim Grundprinzip meines Lebens:

Wenn es unangenehm wird, mache ich nicht weiter, sondern suche mir einen anderen Weg. Einen, der mich nicht so stark belastet. Weil ich einfach nicht der Typ Mensch bin, der sich erst ordentlich quälen muss, um sich dann hinterher gut zu fühlen.

Wahrscheinlich ist das so eine typisch deutsche Einstellung – denn wer zu viel Spaß hat, ist hierzulande ja per se verdächtig!

Arbeit muss schwer sein.

Wer es zu etwas bringen will, muss ordentlich malochen.

Und wenn Arbeit Spaß macht, ist es eigentlich gar keine richtige Arbeit, sondern Freizeit.

Deshalb reden auch immer alle davon, wie viel Stress sie im Job haben, wie krass sie ackern müssen. Wenn man einfach mal zugibt, dass es einem gut geht, dann kann mit einem ja etwas nicht stimmen. Echt traurig!

Die Wahrheit aber ist: Ihr seid nicht plemplem, wenn euch die Dinge leichtfallen. Im Gegenteil, dann seid ihr einfach wahnsinnig schlau und habt das Leben verstanden.

Und ihr seid auch nicht gaga, wenn ihr dazu steht, auf etwas keinen Bock zu haben. Ich respektiere Leute sogar extrem, die ganz klar sagen: »Das liegt mir nicht, fragt bitte jemanden anderen.«

Das ist doch eine großartige Ansage! Ich zum Beispiel stehe überhaupt nicht auf Kochen. Mein großes Glück ist, dass mein Mann sehr gerne und gut kocht. Wenn ich aber alleine mit meinen Kindern bin, gibt es entweder Schinkennudeln oder Rahmkartoffeln. Das ist eintönig, schmeckt aber total gut, weil ich es zubereiten kann.

Anderes Beispiel: dieses Buch, das ihr gerade in den Händen haltet. Ich weiß, dass ich es never ever hätte alleine schreiben können. Deshalb habe ich mir Hilfe geholt von einer Journalistin und Buchautorin. Ich erzähle Kira alles, was ich zu sagen habe. Und sie schreibt das in meinen Worten für mich auf.

Und genau darum geht es, Leute. Ich könnte mich quälen und ein schlechtes Buch alleine schreiben. Oder ich erkenne meine Grenzen und hole mir Unterstützung von jemandem, der das richtig gut kann.

Überlegt euch immer im Leben, wie ihr das, was ihr gerne tun möchtet, erreicht, ohne euch dabei zu quälen.

Ich habe für mich kapiert, dass ich mich zu nichts zwingen oder überwinden kann. Weder zum Sport noch für einen Job, bei dem ich keine Freude empfinde. Die Wahrheit ist nämlich: Ich muss niemandem beweisen, wie hart ich mir für alles den Arsch aufreißen muss. Wenn ich weiß, dass ich alles gegeben habe, reicht das.

Für euch gilt das allemal.

Diese Idee, dem Unangenehmen aus dem Weg zu gehen, filtert auf wundersame Weise das heraus, was ihr in eurem Leben radikal weglassen könnt.

Die große Ausnahme ist das Zwischenmenschliche. Dort sollten wir bereit sein, Konflikte zu führen und auch dahin zu gehen, wo es wehtut. Bei allem anderen können wir uns guten Gewissens schonen.

Aber wenn es um die Menschen geht, die uns am Herzen liegen, sollten wir die Extrameile gehen und uns ins Zeug legen. Vor allem dann, wenn dicke Luft herrscht.

Da kann man nicht einfach die Sachen packen und »Okay, ciao« rufen. Da muss man sich zusammenreißen und reden, bis sich die Wolken wieder verzogen haben.

Jetzt müsst ihr nur noch für euch herausfinden, wie ihr euch euer Leben leichter machen könnt.

Und das geht so:

Ich erörtere von Zeit zu Zeit, warum sich manche Sachen scheiße anfühlen.

Warum habe ich eine Abneigung gegen das Leben auf dem Land?

Weshalb geht mir die Bekannte vom Spielplatz auf den Keks, die die ganze Zeit ihr Kind völlig übertrieben lobt?

Und was ist der Grund dafür, dass in mir unschöne Gefühle hochkommen, wenn ich an den letzten Urlaub denke?

Das ist im Grunde alles, was ihr tun müsst: genau hinschauen und in euch reinfühlen. So lernt ihr eine ganze Menge über euch selbst.

Vielleicht braucht es ein bisschen Übung, aber bald werdet ihr wissen, wie ihr alles ein wenig leichter nehmen könnt: indem ihr die Dinge mit den schlechten Gefühlen aus eurem Leben aussortiert.

Für mich ist immer ein guter Indikator, auf was man morgens nach dem Aufstehen Lust hat. Damit meine ich natürlich nicht den obligatorischen Kaffee und dazu ein Croissant. Sondern zum Beispiel euer Job. Den kann man nicht an allen Tagen lieben, aber grundsätzlich sollte man ihn so toll finden, dass man Lust auf ihn hat.

> Findet für euch heraus, was ihr machen möchtet im Leben. Worin seid ihr gut, was tut euch gut? Wenn ihr das einmal für euch definiert, habt ihr die Chance, etwas zu machen, was euch leicht von der Hand geht und worauf ihr an fast allen Tagen Lust habt.

Wenn ich mir anschaue, wie viele Leute in ihren Jobs unglücklich sind, kann ich es manchmal gar nicht glauben. Sie quälen sich jeden Tag acht Stunden, fünf Tage die Woche mit einer Aufgabe, die ihnen nicht liegt, oder mit Vorgesetzten. Das ist so viel verschwendete Lebenszeit! Ich habe auch Bekannte, die echte psychische Probleme deswegen haben. Ist das Leben nicht viel zu kurz, um es sich selbst so schwer zu machen, weil man die Dinge, die man tut, nicht gerne tut?

Das Leben sollte sich leicht und schön anfühlen.

Deshalb tut konsequent nur noch Dinge, in denen ihr gut seid, wo ihr euch fühlt, als hättet ihr ein Heimspiel.

Oder anders formuliert: Schaut auf eure Stärken und feiert sie, anstatt immer auf die Schwächen zu achten.

Und wenn ihr gefunden habt, was richtig für euch ist, dann müsst ihr bestimmt auch mal an eure Grenzen gehen. Denn sonst erreicht man vielleicht nicht das, was man sich wünscht. Reißt euch den Arsch für Dinge auf, die es euch wert sind, die euch wichtig sind. Und sucht euch Leute, die euch für das, was euch ausmacht, wertschätzen. Jede von uns ist einzigartig mit all ihren Schwächen und Vorlieben, ihren Abneigungen und Ticks. Wenn jede genau das macht, was sie gut kann und am liebsten macht, wäre doch allen viel geholfen, und keine wäre mehr unglücklich mit dem, was sie so treibt.

Also: Wenn ihr wie ich beim Sport Aggressionen bekommt, dann lasst es von jetzt an bleiben.

Quält euch nicht ins Fitnessstudio, wenn euch das nichts gibt.

Euer Körper sagt euch schon, was gut für euch ist.

Vertraut unbedingt eurer Intuition.

Dieses Wissen ist tief in euch drinnen. Und stellt euch immer wieder die Frage: »Muss ich das jetzt wirklich?«

Okay, jetzt klinge ich tatsächlich wie ein Life Coach mit Sportsakko, aber auch egal. Mir geht es darum, dass ihr diesen einen Rat, den ich euch von Herzen geben möchte, versteht: Das Leben ist dann richtig, wenn ihr merkt, dass ihr glücklich seid. Also nehmt es easy, ihr Bitches. Nur bitte putzt trotzdem ab und zu eure Bude, oder schneidet eure Fußnägel. Auch wenn ihr es nicht leiden könnt.

Kapitel 9

GEILE FRAUEN

Ich bin immer wieder erstaunt, welche Bedeutung wir Frauen den Männern und der Liebe beimessen. Filme, Lieder, Literatur – alles dreht sich um große, kleine, schmutzige oder schmerzende Liebesgeschichten. Wie viel wir Frauen über Männer reden, das ist echt irre.

Da geht es stundenlang um den One-Night-Stand von gestern Nacht oder die letzte Sprachnachricht.

Wir besprechen in epischer Breite, warum er nicht angerufen hat und was beim letzten Date möglicherweise schiefgelaufen ist.

Liebeskummer, Liebeszweifel, Sexgeschichten – dafür haben wir eine Menge Zeit.

Zeit, die wir eigentlich auch in unsere Freundinnen investieren könnten. Nur mal so als Idee, wenn ihr euch dabei erwischt, wie ihr das ganze Wochenende damit verbracht habt, ununterbrochen über einen Kerl nachzudenken.

Jetzt, da ich zwei Töchter habe, sehe ich erst richtig, wie flüchtig die Liebe ist. Keine Sorge, mit meiner Ehe läuft es gut. Aber es geht eben nicht mehr nur um uns beide, wir sind jetzt auch verantwortlich für zwei kleine Wesen, und da fällt die eigentliche Paarbeziehung ein bisschen hinten runter. Das ist nichts, was man mit einem schönen Abendessen zu zweit nicht wieder kitten könnte. Aber die Liebe verändert sich eben.

Es ist nie für immer alles gut, wie uns das Hollywoodfilme gerne verkaufen wollen.

Worauf ich eigentlich hinauswill:

Die Liebe ist toll, Männer sind toll, Sex ist toll.

Aber was im Leben am meisten zählt, sind unsere Freundschaften zu Frauen. Die richtigen Frauen zu kennen kann so ein krasser Life Changer sein. Denn Superfrauen können uns zu besseren und glücklicheren Menschen machen. Ehrlich, Leute, ein paar gute Frauenfreundschaften können euer Leben grandios in die richtige Richtung lenken.

Habt ihr im Gegenzug nur Pfeifen an eurer Seite, kann es die Hölle werden. Deshalb:

Sucht euch aktiv die richtigen Freundinnen, und bleibt nicht aus Faulheit bei Leuten hängen, die euch nichts geben und euch nicht weiterbringen. Oder am schlimmsten: die euch euer Glück und euren Erfolg nicht gönnen.

In Freundschaften war ich immer eher der Kumpeltyp, bis ich mit Ende 20 – also leider ziemlich spät – erkannt habe, dass es unfassbar tolle und coole Frauen auf diesem Planeten gibt, die mir ein so geiles Gefühl geben und mit denen ich mich großartig austauschen kann. Eine krasse Bereicherung einfach.

Das klingt jetzt so easypeasy dahergesagt. Ihr könnt euch

aber sicher sein: Es ist der Himmel, wenn ihr eine Handvoll toller Freundinnen habt. Mehr kann man vom Leben eigentlich nicht erwarten. Vor allem, weil ich weiß, dass es nicht selbstverständlich ist.

In meinem Leben habe ich nämlich auch ziemlich viele bescheuerte Mädchen und Frauen kennengelernt, die verdammt mies sein konnten – und vor denen ich teilweise sogar richtige Angst hatte. Bevor ihr euch jetzt über Geschlechterklischees aufregt: Männer können ganz bestimmt genauso scheiße sein, keine Frage. In meinem Fall waren es aber bisher ausschließlich Frauen, die mir das Leben schwer gemacht haben.

In der Grundschule und auch später auf dem Gymnasium gab es viele Mädchen, die gehässig und bitchig zu mir waren. Vor ihnen und ihren Lästerattacken hatte ich sogar richtige Angst. Was ich heute ganz schön traurig finde: Damals hätte ich nie und nimmer gedacht, dass es zwischen Frauen überhaupt richtige Freundschaften geben könnte.

Aber es gibt sie!

Woran ihr eine gute Freundin erkennt?

Sie supportet euch und kann sich für euch freuen.

Sie hat die Größe zu sagen: »Wie geil, dass es bei dir so gut läuft. Das macht mir direkt auch gute Laune!«

Und ja, sie sollte auch die Courage besitzen, zu dir zu sagen: »Deine neuen Jeans machen einen Scheißhintern.«

So viel Wahrheit kann manchmal wehtun, aber ich erwarte genau das von einer guten Freundin: bedingungslose Ehrlichkeit. Denn Freundinnen reden aufrichtig miteinander.

Das Gegenteil von Freundschaft ist, wenn euch jemand die ganze Zeit Energie zeckt – das kann ich überhaupt nicht ab.

Mir persönlich zieht es am meisten Kraft, wenn Leute permanent negativ sind. Ihr wollt ein Beispiel?

Das Gesprächsthema Nummer eins bei frischgebackenen Müttern: die Geburt.

Ich habe manchmal das Gefühl, ich höre nur Negatives über Geburten.

Und wir reden hier nicht über traumatisch-komplizierte Geburten, sondern einfach von der Geburt an sich.

»Hey, und Leute, es tut wirklich sooooo verdammt weh, und ich dachte auch mehrmals, ich packe das nicht mehr.« Ständig solche Sätze.

Es ist wirklich kein Spaziergang, ein Baby auf die Welt zu pressen, bei mir ist sogar innen die Scheide während der Geburt gerissen. Aber trotzdem: Es war einfach wunderschön, ich habe zwei gesunde Babys auf die Welt gebracht. Ich fände es so großartig, wenn wir es öfter schaffen würden, auf die guten und schönen Dinge zu schauen, und uns nicht in der Negativität verlieren würden.

Und bitte versteht mich nicht falsch: Man MUSS sich manchmal auskotzen und darf auch sagen, wie scheiße es einem gerade geht. Man darf unglücklich sein und alles kacke finden. Ich mache das schließlich auch oft genug.

Es tut dann aber auch gut, im selben Atemzug über alles zu lachen und sich zu denken: Es wird wieder besser, ganz bestimmt! Denn wie wir alle wissen, kommt nach Regen der Sonnenschein. Aber wenn ich mich zum vierten Mal vernebelt ums selbe Thema drehe, wird es mir selbst irgendwann zu blöd. Entweder ich ändere jetzt was, oder ich halte mal langsam mein Maul.

Neulich habe ich heulend meine beste Freundin Vroni angerufen und ihr erzählt, wie überfordert ich gerade mit allem
bin. Das ist ja auch gerade eine irre Umstellung. Seit zwei
Jahren bin ich jetzt Mama, und das Baby ist drei Monate alt.

»Vroni, ich kann nicht mehr, ich pack's nicht, ich dreh
durch!«

Natürlich habe ich mir meine zwei Kinder und eine Familie
total gewünscht, aber manchmal komme ich eben an meine
Grenzen.

»Vroni, ich halt's nicht aus, ehrlich, ich spring aus dem
Fenster!«

Vroni ist exakt in derselben Lebenssituation. Sie hat mir
dann erzählt, wie chaotisch es gerade auch bei ihr läuft. Das
tut schon mal gut, wenn man erkennt, dass man nicht die einzige Verzweifelte ist, sondern dass es anderen genauso geht.

Zum Glück haben Vroni und ich beide eine Art Tourette-
Syndrom, wenn wir am Ende unserer Kräfte sind. Wir haben
dann erst einmal das Universum beleidigt, so richtig unter der
Gürtellinie.

»Du Hurensohn. Du Wichser, das ist doch alles ein großer
Haufen Scheiße hier!«

Dann mussten wir selbst lachen, weil wir so assi geschimpft
haben.

Zu Beginn unseres Telefonats habe ich noch geweint, dann
haben wir geschimpft, und hinterher mussten wir beide lachen.

Ich denke, das ist Vronis und mein Weg: Wir lassen unseren
Kummer, unsere Frustration oder unsere Sorgen raus – und
kriegen dann die Kurve. Danach konnte ich wieder besser ge-
launt mein Tagwerk verrichten.

Aber es gibt eben auch Leute, die sich am Negativen festbei-ßen. Bei denen es nicht reicht, ein paarmal verbal das Univer-sum zu vermöbeln. Wenn ich jemanden um mich habe, der oder die nicht einsieht, dass man die Dinge auch mal positiv sehen kann, habe ich irgendwann keinen Bock mehr.

Eine Zeit lang kann ich die negativen Vibes ganz gut ab-federn, aber dann läuft mein inneres Fass irgendwann über, und es regt mich nur noch auf. Ich kann den Leuten schließ-lich nicht am laufenden Band erzählen, dass alles wieder gut wird und ihr Leben doch gar nicht so schlimm ist.

Um ehrlich zu sein, habe ich genau deshalb schon ziemlich viele Freundschaften auslaufen lassen. Denn wenn ich das Gefühl bekomme, dass mir jemand nicht mehr guttut und nur Energie abzieht, dann ist es Zeit für »Ciao, Baby«. Oder wenn ich mir schon während des Treffens denke: »Ich möchte hier eigentlich weg.« Wenn ich also gar nicht von der Freund-schaft zehre und fühle, dass ich alleine mehr Spaß hätte, dann ist es nicht das Richtige. Eine Freundschaft ist schließlich ein Geben und Nehmen. Das muss sich die Waage halten.

Bevor ihr euch also auf die Suche nach Superfreundinnen macht, die euer Leben bereichern, solltet ihr im ersten Schritt eine große Ausmistaktion starten. Ich bin fest davon über-zeugt, dass wirklich jeder Mensch einen Instinkt dafür hat, wer ihm guttut und wer nicht. Trotzdem höre ich ganz oft von Freundinnen, dass sie sich weiterhin mit ihren Anti-Freun-dinnen treffen und danach müde und genervt sind.

Sorry, Leute, aber ab einem gewissen Punkt ist man halt auch selbst dran schuld. Wir alle müssen für uns selbst Ver-antwortung übernehmen, und dazu gehört, sich einzugeste-hen, dass eine Person euch nicht (mehr) guttut.

Das bedeutet nicht, dass man mit Freundinnen nicht durch schwere Zeiten gehen sollte. Es kann nicht immer alles happy und wunderbar sein.

Ich spreche hier von Menschen, die generell alles negativ sehen – selbst wenn ihr Leben von außen betrachtet ziemlich prima aussieht. Es ist dann völlig in Ordnung, sich nicht mehr verpflichtet zu fühlen, weiter Zeit in eine Freundschaft zu investieren. Diese Ehrlichkeit euch selbst gegenüber wird euch befreien.

Vielleicht fühlt es sich erst einmal falsch an, Menschen aus eurem Leben auszusortieren und Prioritäten zu setzen. Aber irgendwann leuchtet euch ein, dass es genau richtig ist, eure wertvolle Zeit nicht weiter mit Leuten zu vergeuden, die euch nicht guttun.

Meine Güte, wir stellen uns ja auch hin und wieder vor den Schrank und misten aus:

»Dieses Kleid steht mir schon lange nicht mehr, und ich fühle mich nicht wohl, wenn ich es trage.«

Wir fahren nicht mehr an Orte in den Urlaub, an denen es uns nicht gefallen hat.

Wir sortieren Bücher und Platten aus, die wir noch nie so richtig geil fanden.

Lenny Kravitz, Günter Grass, weg damit.

Und so sollten wir uns dann und wann auch vor den Schrank unseres Lebens stellen und uns fragen, in welcher Schublade die großartigen Leute sind, die uns Kraft geben und uns gute Laune machen. Und in welchem Teil des Schranks die Leute stecken, die genau das Gegenteil bewirken.

Und dann könnt ihr zu euch selbst sagen: »Diese Person tut mir nicht mehr gut. Sie zieht mir Energie, und ich fühle mich nicht wohl, wenn ich in ihrer Nähe bin.«

Schaut euch diese Analyse einmal wertfrei an und lasst sie sacken. Und dann könnt ihr in Ruhe überlegen, in welche Menschen ihr weniger Zeit investiert.

Doch was dann?

Ich bin generell eine Freundin der klaren Kommunikation. Einfach nicht mehr melden finde ich bei entfernten Bekannten okay. Oder wenn die Freundschaft erst in der Kennenlernphase steckte, kann man sich meinetwegen auch ohne große Erklärung einfach verpissen. Aber eben nicht bei Leuten, mit denen ihr richtig und vielleicht sogar langjährig befreundet wart. Denen seid ihr schon eine Erklärung schuldig. Ich zumindest habe dann auch das Bedürfnis, mich auszusprechen. Ich finde, man sollte in einer solchen Situation seinen ganzen Mut zusammennehmen und sagen:

»Du merkst schon auch, dass wir uns gerade gegenseitig überhaupt nicht guttun, oder?«

Und ja, ich kann absolut nachvollziehen, wenn euch so ein Gespräch zu krass ist. So ein »Schlussmachgespräch« ist sicherlich nicht jedermanns Sache. Aber es ist die anständigste Art.

Ich hatte vor Kurzem eine Freundin, mit der ich mal beherzt Klartext reden musste.

Wir nennen sie Beate, ihren echten Namen verrate ich natürlich nicht, das wäre unfair.

Beate und ich hatten uns über eine gemeinsame Freundin kennengelernt, sonst hätten wir vermutlich gar nicht zueinandergefunden. Beate und ich hatten zwar eine schöne Zeit, wir beide sind aber grundverschieden.

Sie empfindet das Leben permanent als anstrengend. Und keine Frage, das ist es ja manchmal auch. Aber wenn man gar nicht mehr bereit ist, an die Wasseroberfläche zu schwimmen und zu glotzen, wie geil es da oben sein kann, dann wird das für einen selbst und die Mitmenschen auf Dauer echt anstrengend. Beate beschwerte sich jedenfalls andauernd über eigentlich alles.

Irgendwann wurde mir klar, dass mich unsere Treffen krass runterziehen. Während unserer Verabredungen dachte ich teilweise, ich würde jetzt gerne aufstehen und gehen. Hinterher war ich auch froh, wenn es vorbei war. Spätestens dann war es an der Zeit, sich über die Freundschaft ernsthafte Gedanken zu machen.

Und das tat ich dann auch. Bei einem der nächsten Treffen konnte ich nicht mehr nur nicken und bemitleiden und sagte zu Beate:

»Wenn das alles so schlimm ist, dann ändere doch mal was.«

Na, was glaubt ihr? Auf so eine Ansage hatte sie natürlich keine Lust, und das Treffen war ziemlich schnell zu Ende. Es war auch unser letztes. Schluss machen ist nie eine schöne Angelegenheit, aber ich konnte sie ja auch nicht im Ungewissen lassen. Insofern war Klartext sprechen die einzige Möglichkeit. Und seien wir mal ehrlich: Beate ging meine Art ja auch auf den Sack. Es ist halt sauschade, aber wir sind eben kein gutes Match.

Übrigens erwarte ich von meinen Freundinnen und Freunden umgekehrt auch, dass sie mich darauf aufmerksam machen, wenn ich in einer Negativspirale festhänge. Das kann schließlich jedem mal passieren.

Ein kleiner, lieb gemeinter Hinweis wäre beispielweise:

»Du, Evelyn, jetzt hast du aber genug gemosert. Komm mal wieder runter. So schlimm ist dein Leben nun auch wieder nicht.«

Das sollte Wunder wirken. Ich wäre ehrlich froh, wenn mich manchmal jemand darauf aufmerksam macht. Und versprochen, ich nehme mich dann auch wieder zusammen und bin dankbar, gute Freundinnen und Freunde zu haben, die mit mir Klartext sprechen. Für mich ist Ehrlichkeit das größte Geschenk.

Kapitel 10

OH BABY, BABY

Kinder zu haben ist das Schönste, Geilste, Verrückteste und keine Ahnung, was noch, was mir in meinem Leben passiert ist. Alles begann mit – surprise, surprise – der Schwangerschaft, das ist ja eh schon mal der härteste Ritt ever.

Ich habe dabei satte 33 Kilo (jedes Gramm zählt!) zugenommen, neigte zu Wassereinlagerungen, Krampfadern, Schmerzen in der Symphyse (das ist die Verankerung zwischen den Beckenknochen) und bekam brüchige Nägel – das volle Programm.

Habe ich was vergessen?

Ah ja, mein Kopf war am Schluss zehnmal so groß wie sonst, und eine Schuhgröße mehr habe ich jetzt auch. Wohl für immer.

Immerhin hatte ich keine Hämorrhoiden. Dankbarkeit an dieser Stelle.

Die Übelkeit in den ersten drei Monaten ist ja schon fast obligatorisch. Bei mir war sie aber so heftig, dass ich Medikamente nehmen musste. Bestes Lebensmotto: Warum sollte man nicht alles mitnehmen, was geht?

Nach der Geburt ging es leider ähnlich beknackt weiter.

Du bist als Frau völlig lädiert, hast möglicherweise die eine oder andere Geburtsverletzung, kannst kaum sitzen, die Brustwarzen sind wund vom Stillen, du hast Wochenfluss und stinkst die ganze Zeit, weil du nicht zum Duschen kommst; bist krass müde, weil das Baby die Nacht zum Tag macht.

Und dein Mann steht daneben und sieht blendend aus.

Als wäre überhaupt nichts geschehen.

Als hättest du nicht gerade die Schlacht deines Lebens geschlagen in diesem Kreißsaal. Männer sind, zumindest körperlich betrachtet, nach dem Zeugungsakt raus aus der Nummer – und du als Frau badest das ganze Thema »Fortpflanzung« komplett aus. Hier noch mal eine kurze Rüge an die Evolution: Hey, ich finde das nicht in Ordnung! Es ist scheiße UNFAIR. Fuck you!

Und schon drei Monate nach der Geburt habe ich meine Periode wieder bekommen. Dabei heißt es ja, Stillende hätten keine Menstruation. Pustekuchen, noch nicht mal das war mir vergönnt. Ey, das ist schon ein mühsames Geschäft mit dem Kinderkriegen.

Auf der anderen Seite:

DA IST EIN BABY, DAS IN DIR WÄCHST.

Das ist so unbeschreiblich schön.

So ein Wunder, so ein Privileg.

Etwas, was ein Mann niemals erleben wird.

Und es fühlt sich so krass an, wenn du in diesen neun Monaten das Zuhause für so einen Mini-Menschen bist. Erst bist du eine hotte Villa, und von Woche zu Woche wirst du mehr zu einem besetzten alten Schuppen. Das ist schon eine irre Verwandlung.

Ich muss noch einmal betonen, dass es für mich das Schönste auf der ganzen Welt ist. Hab ich euch schon erzählt? Egal.

Für alle, die noch keine Kinder haben: Leute, es lohnt sich wirklich!

Was aber an mir zehrt: Man ist eigentlich nie wieder für sich allein. Und ich brauche – wie jeder normal tickende Mensch – hin und wieder auch Zeit für mich. Dass ich die für die nächsten 18 Jahre kaum haben werde, macht mir echt zu schaffen.

Man kann sich auch nicht mehr spontan mit Freunden treffen. So lange, wie es dauert, das ganze Geraffel für zwei Kinder einzupacken und komplett angekleidet auf der Straße zu stehen, dauert es, ein Kreuzfahrtschiff zu wenden.

Dann dieses Leben in Zeitfenstern. Dauernd muss man Essen auftischen und die verschiedenen Schlafenszeiten der Kinder koordinieren. Wenn wir eine befreundete Familie einladen wollen, finden wir keinen Termin, weil es so kompliziert ist, einen Slot zu finden. Irgendein Kind hat immer Naptime und muss zu Hause in Ruhe schlummern. Oder noch besser: ist spontan krank geworden.

Dass man, falls man dann irgendwann ein Treffen hinbekommt, nur drei Sätze wechselt, ist eh das Beste. Dauernd muss man einem Kind hinterherrennen, damit es sich nicht vom Klettergerüst stürzt oder klammheimlich den Spielplatz Richtung Straße verlässt. Ständig muss man trösten, etwas zu essen oder trinken herauskramen oder Förmchen und Eimer einsammeln. Wow, wieder geiles Gespräch heute! Da erfahre ich von meinen Freundinnen definitiv mehr, wenn wir uns gegenseitig Sprachnachrichten hin- und herschicken.

Zusammenfassend würde ich sagen:

**Kinder zu haben ist manchmal so krass anstrengend.
Aber auch so geil.**

An den Tagen, an denen ich zwei quengelige Mäuse zu Hause habe, keines so richtig in den Schlaf finden will, obwohl beide hundemüde sind und es draußen regnet wie verrückt, dann bin ich manchmal so am Ende, dass ich am liebsten sofort meine Schuhe anziehen und aus der Wohnung rennen möchte. Kippe anstecken und in irgendeiner Kneipe einen Drink bestellen.

Dann fällt mir ein, dass ich weder weglaufen noch saufen, noch rauchen kann. Als Mama musst du funktionieren. Wenn du eine stillende Mama bist, dann umso mehr. Da gibt's keinen Platz für spontane Ausbrüche.

Wenn das Baby Hunger bekommt, braucht es dich. Das ist nicht verhandelbar. Als Mama bist du auf eine merkwürdige Art und Weise gefangen, an dein Zuhause und die Babys gekettet.

Hinzu kommt, dass ich eine Gluckenmama bin: Ich tue mich echt schwer damit, meine Kinder abzugeben. Das ist in manchen Momenten schön, dann aber auch wieder beängstigend.

Wenn ich mich an so anstrengenden und fordernden Tagen nach meinem Anfall wieder beruhigt habe und klar denken kann, weiß ich wieder: Ich muss mir als Mutter einfach Zeit geben, um anzukommen und meinen eigenen Weg zu finden, um mit all diesen neuen Herausforderungen und Belagerungszuständen klarzukommen. Und das ohne Nikotin und Alkohol.

Wirklich, Leute, manchmal kann ich gar nicht glauben, dass das real ist.

Dass die Mädchen jetzt wirklich bei uns sind.

Für immer, zieht euch das rein.

Zwei Menschlein, von uns gezeugt.

Mit unseren Genen ausgestattet, unsere Kinder.

Meine Große heißt Lilly, ist jetzt zwei Jahre alt. Sie ist eine richtige Drama-Showmaus und hat jetzt schon eine ordentliche Portion Ironie. Was ich natürlich übelst abfeiere. Lilly sieht auch aus wie ich als Kind, was noch mal ein Wunder ist, wenn man sich in den eigenen Kindern wiederfindet.

Unsere Kleine heißt Tilly, sie ist mit ihren sechs Monaten wirklich noch klein. Stand heute ist, dass ich nicht sagen kann, nach wem sie kommt. Noch sieht sie keinem von uns ähnlich. Aber das kann sich täglich ändern, die Babys verändern sich ja so schnell in den ersten Monaten.

Ich möchte euch verraten, wer mein Mutter-Idol ist: meine eigene Mama. Für mich ist sie der größte Rockstar der Welt (im ersten Moment wollte ich »die größte Motherfuckerin unter der Sonne« schreiben, aber das passt ja nun wirklich nicht). Ich bin so glücklich darüber, dass ich mir von ihr ganz viel abgucken kann. Mama hat so viel Liebe im Herzen und ist so unfassbar gut darin, diese Liebe weiterzugeben.

Ja, meine Mama inspiriert mich, selbst Mama zu sein. Meine Kinder gehen auch voll auf ihre Oma ab, das finde ich das Tollste überhaupt. Dass die Liebe über die Generationen weitergeht, dass da so ein Band besteht und wir Weigert-Frauen eine Connection zueinander haben.

Ich habe mich von meiner Mutter in jeder Sekunde meines Lebens bedingungslos geliebt gefühlt. Mehr geht doch eigentlich nicht, oder? Wenn dein Kind so etwas über dich sagt, dann hast du einfach alles richtig gemacht und kannst eine

Flasche Champagner aus dem Kühlschrank holen. Mama hat meiner Schwester und mir ganz viel Urvertrauen mitgegeben.

Und das versuche ich bei meinen Töchtern auch. Es ist ein Geschenk, wenn man dem Leben vertrauen kann. Wenn man fest daran glaubt, dass alles so kommt, wie es gut für einen ist.

Ihr wisst, dass ich kaum bis gar nicht esoterisch veranlagt bin. Aber in diesem Punkt bin ich es dann doch vielleicht ein kleines bisschen.

Meine Mama hat immer zu mir gesagt:

»Evelyn, du bist ein Glückskind. Es kommt im Leben alles so, wie es gut für dich ist.« Und damit hatte sie bisher immer recht. Dass man aufs Leben und das eigene Glück vertraut, ist eine ganz wichtige Sache. Und wenn das Glück eintrifft, dann muss man es auch zulassen, ihm einen Stuhl hinschieben und am besten noch einen Hafer-Frappuccino, damit es bleiben will.

Deshalb sollten wir auch in schlechten Zeiten darauf vertrauen, dass wieder gute Zeiten kommen. Und dass diese schlechte Zeit jetzt auch etwas Wichtiges mit sich bringt.

Es gibt Leute, die das Glück gar nicht annehmen können, weil sie es nicht glauben können, dass ausgerechnet sie jetzt Glück haben sollen. Sie fragen sich, ob sie sich tatsächlich freuen dürfen. Sie denken, dass das möglicherweise eine Falle ist, und suchen nach dem Haken. Was völliger Quatsch ist. Wenn es euch auch so geht, müsstet ihr vielleicht mal an euren eigenen Glaubenssätzen arbeiten. Habt ihr vielleicht das Gefühl, es nicht wert zu sein, dass das Glück zu euch kommt? Jedenfalls glaube ich, dass es ein großer Fehler ist, sich nicht zu freuen. Wenn schöne Dinge passieren, dann muss man sie auch krass zelebrieren.

Wenn deine Mutter dir immer wieder sagt, dass du ein Glückskind bist, dann macht das etwas mit dir. Es pflanzt dir so viel Zuversicht ein, dass dein Leben eigentlich nur wundervoll werden kann.

Manchmal denke ich: »Das Leben ist so krass kurz, und ich liebe meine Eltern so doll und finde sie so bezaubernd. Wir müssten eigentlich jeden Tag mit ihnen abhängen.«

Wahrscheinlich geht das ganz vielen jungen Familien so, die nicht am selben Ort leben wie die Eltern oder Großeltern. Ich kann mir aber beim besten Willen nicht vorstellen, wieder in die Nähe von Regensburg zu ziehen. Ich brauche die Wildheit Berlins, die bunten Menschen, manchmal vielleicht auch den Müll überall. Das ist das letzte Anarcho-Gehabe, was in Berlin noch übrig ist – neben den besetzten Häusern natürlich.

Meine Schwester Carolyn ist eigentlich Biologin, aktuell aber Schmuckdesignerin, sie lebt in Wien. Also auch weit weg. Ich vermisse die alle krass. Aber ich trage sie in meinem Herzen, sie sind immer bei mir. Sie sind genauso eingepflanzt in mir wie das tiefe Wissen, dass ich ein Glückskind bin.

Wenn ich das bei meinen eigenen Kindern auch schaffen sollte, dann werde ich so was von stolz auf mich sein. Es gibt eigentlich nur zwei Dinge, die ich in meinem Leben schaffen möchte, bevor ich den Löffel abgebe:

Erstens meinen Kindern dieses unerschütterliche Urvertrauen mitgeben, das ich von meiner Mutter habe.

Und zweitens erhobenen Hauptes den Raum verlassen, wenn ich nackt bin – ohne meinen Arsch hinter irgendetwas verstecken zu wollen.

Ich glaube, Ersteres wird mir auf jeden Fall gelingen. Namaste, Bitches.

Kapitel 11

PEACE OUT (MIT EUREM KÖRPER)

Apropos Arsch verstecken. Ihr wisst das natürlich: Hinterher ist man immer schlauer. Bei mir trifft das volle Möhre zu, wenn es um Erkenntnisse zu meinem Körper geht. Wie wunderschön er war, kann ich erst jetzt – nach zwei Schwangerschaften – so richtig wertschätzen. Viele Frauen sagen mir zwar, dass mein Körper in absehbarer Zeit wieder so sein wird wie vor den Kindern.

Aber das sehe ich gerade noch nicht.

Wenn ich also eine Sache in meinem Leben bereue, dann, dass ich meinen Körper vor der Schwangerschaft nicht mehr gefeiert habe. Ich hatte nämlich einen richtig geilen Körper. Und doch hatte ich Komplexe bis unters Dach, die aus heutiger Sicht natürlich völlig unbegründet waren.

Wenn ich mich jetzt anschaue, denke ich; Wie geil wäre es, wieder so einen Knaller-Körper zu haben, ohne viel dafür tun zu müssen!

Diese Zeiten sind aber definitiv vorbei. Mein Körper ist im Moment ziemlich schwabbelig, mein Busen und mein Bauch hängen auf halb acht, und ich fühle mich damit nicht wirklich wie die Sexiest Woman Alive. Aber hey, ich muss mit diesem Körper jetzt auch erst mal Freundschaft schließen.

Früher waren meine Probleme die zu dicken Fesseln und meine kräftigeren Oberarme. Da lache ich heute einfach nur herzhaft drüber.

Vor meiner ersten Tochter konnte ich essen, was ich wollte. Und ich liiiieeeebe Essen und konnte mich da noch nie richtig zurückhalten.

Mit der Selbstdisziplin habe ich es ja generell nicht so. Am liebsten esse ich deftig und frittiert. Insofern wäre ich höchstwahrscheinlich als süßes Tönnchen durchs Leben gerollt, wenn ich nicht von Haus aus mit einem zauberhaften Stoffwechsel gesegnet wäre. Denn Sport ist ja wie gesagt auch nicht mein zweiter Vorname. Dass ich Essen so sehr liebe, könnt ihr auch daran erkennen, dass ich in meinen Schwangerschaften extrem zugenommen habe.

Und ganz ehrlich: Ich konnte mich auch häufig nicht beherrschen und habe für zwei gegessen – obwohl in jedem Schwangerschaftsratgeber steht, dass man genau das nicht tun sollte.

Mein Mann hat immer wieder in sich reingelacht, wenn ich nach Nachschlag verlangt habe.

Wenn Alex dann noch einen blöden Kommentar abgegeben hätte, hätte ich ihn wahrscheinlich zerfleischt. Stattdessen hat er mir immer Zugang zu allen Köstlichkeiten gewährt. Und er hat, wenn wir nur zu zweit waren, für fünf Personen gekocht.

Bestimmt hängt meine heftige Gewichtszunahme auch damit zusammen, dass ich in dem Moment, als ich von meiner ersten Schwangerschaft erfuhr, das Rauchen aufgab. Seit meinem 14. Lebensjahr rauchte ich Kette. Und wie wir alle wissen, zügelt Rauchen den Appetit.

Um mal in Zahlen zu sprechen: Ich bin 1,68 Meter groß und habe am Ende meiner Schwangerschaften um die 93 Kilo gewogen.

33 Kilogramm plus zu meinem Normalgewicht.

33 Kilogramm – das ist eigentlich ein kleiner Mensch.

Zwischen der Geburt meiner ersten Tochter und dem Beginn meiner zweiten Schwangerschaft konnte ich immerhin 20 Kilogramm davon wieder loswerden.

Meine Hebamme hat mir erzählt, dass es nicht gerade wenige Frauen gibt, die total fertig sind, weil sich ihr Körper nach Schwangerschaft und Geburt verändert hat und nicht mehr aussieht wie zuvor.

Meine Hebamme meinte zu mir:

»Da muss man auch mal die Kirche im Dorf lassen und ganz ehrlich zu sich sagen: ›Ich war nie eine Heidi Klum und werde auch in der Zukunft keine sein. Alles in Butter also. Mein Körper ist schließlich nicht mein Kapital.‹«

Merkt euch ihre weisen Worte, Mädels! Und wie zur Hölle kommen wir eigentlich darauf, dass unser Körper kurz nach der Geburt aussehen soll wie vorher? Nach einer Geburt dauert es eine richtige Weile, bis ihr wieder in der alten Kraft seid. Die Geburtsverletzungen müssen heilen, die Hormone wieder klarkommen. Vom Stillen sind die Sehnen und Bänder weich. Macht langsam.

Wenn Heidi Klum sechs Wochen nach einer Geburt über den Laufsteg schwebt, dann ist das eben auch ihr fucking Job. Models sind mit einem unglaublichen Körper gesegnet – sonst wären sie ja keine Models geworden.

Mein Job ist es zum Glück nicht, mit meinem Körper Geld zu verdienen. Auch wenn ich mich natürlich manchmal fühle wie ein Victoria's-Secret-Engel. (Wenn ich mich dann beim nächsten Stadtbummel im Schaufenster spiegele, komme ich auch wieder in der Realität an.)

Weil ich vor meinen Schwangerschaften nie Figurprobleme hatte, kommt mein Gehirn gar nicht darauf klar, dass ich gerade ein kleiner Moppel bin. Ich vergesse es immer wieder. Und deshalb denke ich die ganze Zeit, dass ich geiler aussehe, als es tatsächlich der Fall ist. Wenn ich mich dann im Spiegel anschaue, erschrecke ich mich jedes Mal.

Huch, wer ist diese Frau?

Das ist ja gar nicht die Evelyn von früher!

Was mir ganz wichtig ist: Ich bin nicht entstellt, und so fühle ich mich auch nicht! Ich habe immer noch einen wunderschönen Frauenkörper. Aber der hat eben auch ein bisschen was erlebt – und zwar zwei Kinder. Ich sehe und realisiere das. Und trotzdem fühle ich mich dann und wann wie in einem fremden Körper und muss mich erst an ihn gewöhnen. Ich glaube, jede Frau weiß, was ich damit meine.

Seitdem ich nicht mehr so aussehe wie früher, fühle ich mich extrem unwohl und verletzlich, wenn mein Mann und ich uns nackt streiten.

Da fragt ihr euch jetzt zu Recht:

Nackt streiten, was ist denn bei denen los?

Ja, manchmal beginnen wir zu diskutieren, da muss ich aber gerade dringend in die Dusche, weil ich gleich losmuss zu einem Termin.

Alex kommt mir also hinterher ins Bad, damit wir fertig diskutieren können.

Ich versuche dann, ihn abzuwimmeln, und knalle irgendwann aggressiv die Badezimmertür zu.

Nackt streiten ist eigentlich immer eine Katastrophe. Aber jetzt noch viel mehr, weil ich mich oft nicht in meiner Kraft und in meinem »neuen« Körper nicht so selbstbewusst wie früher fühle.

Dadurch fühle ich mich so krass angreifbar und packe es nicht, wenn Alex mich dann nicht liebevoll, sondern wütend anschaut.

Aber mal abgesehen von Schwangerschaft und Co.: Was könnt ihr tun, wenn ihr unzufrieden mit eurem Körper seid?

Fragt euch zuallererst, ob es euch wert ist, ihn zu verändern. Seid ihr bereit, mehr Sport zu treiben? Werdet ihr es durchziehen, weniger zu essen? (Ich persönlich finde beides scheiße.)

Wenn ihr beide Fragen mit Nein beantwortet, dann solltet ihr darüber nachdenken, ob alles vielleicht gar nicht so schlimm ist. Und ob eure Problemzone möglicherweise euer Kopf ist. Könnte es vielleicht sein, dass ihr die ganze Zeit auf einem hohen Niveau jammert – und dass euer vermeintlich unperfekter Körper in Wirklichkeit voll okay aussieht?

Und könntet ihr euch ganz vielleicht gut damit anfreunden, wie ihr aussieht?

Wir haben eben nur zwei Möglichkeiten:

Entweder akzeptieren, wie es ist, und damit glücklich werden.

Oder uns aufraffen und es verändern, bis wir zufrieden sind.

Aber meckern und gleichzeitig nichts tun? Ganz schlechte Idee.

Was mir extrem hilft, wenn ich Komplexe in Bezug auf meinen Körper habe?

Immer wenn ihr Zweifel an eurem eigenen Körper habt, stelle ich mir kurz vor, es wäre nicht meiner und ihr müsstet diesen fremden Körper bewerten. Passt auf, ihr werdet bestimmt um einiges liebevoller und freundlicher über euch urteilen.

Ich habe einmal im Strandurlaub in Frankreich meinen Busenzwilling gesehen. Mein Mann machte mich darauf aufmerksam und meinte:

»Was geht denn ab? Dreh dich mal um, dahinten steht dein Busen-Twin!«

Und ich dachte mir:

»Gibt's doch nicht. Aber wie cool, das ist doch ein total toller Busen.«

Da wurde mir mal wieder klar:

> Das, was man hat, möchte man entweder nicht oder würde es gerne ändern. Dabei sollten wir lernen, unsere gesunden Körper wertzuschätzen. Das ist eine Aufgabe für alle Frauen – und ich meine wirklich ALLE.

By the way habe ich auch einen Scheidenzwilling. Das ist meiner Freundin und mir mal im Wellnessurlaub in der Dusche aufgefallen.

Außerdem gilt: Druck rausnehmen. Gerade, wenn es um den Körper geht, braucht alles ein bisschen Zeit. Egal, ob nach einer Schwangerschaft oder wenn es um eine Ernährungsumstellung geht oder ihr mit dem Joggen neu anfangt. Habt nicht zu hohe Erwartungen am Anfang, und seid nicht so streng mit eurem Körper, wenn er nicht gleich macht, wie ihr euch das vorgestellt habt.

Ich rede hier so schlau daher. Gleichzeitig weiß ich natürlich, dass es immer etwas anderes ist, wenn man selbst in der Situation ist. Man ist eben ungeduldig und will zurück in die alte Form, sich wieder zu Hause fühlen im eigenen Körper. Und das weiß man eigentlich und würde es zu jeder anderen sagen, die in der Situation ist.

Wie immer im Leben: Mit Abstand hat man immer den besten Blick auf Probleme und findet bessere Antworten.

Leute, das Wichtigste ist, dass ihr euch nicht verarschen lasst. Wenn ich eine Frauenzeitschrift durchblättere, dann muss mir bewusst sein, dass da alle Fotos retuschiert sind. Da wurde der Kopf einer 30-Jährigen mit den Beinen einer 14-Jährigen zusammengebaut.

Das ist Fake, eine Illusion.

Der Mensch schaut sich eben gerne vermeintlich perfekte Dinge an. In unserer Gesellschaft haben wir eine bestimmte Ästhetik entwickelt und meinen nun zu wissen, was perfekt und was schön ist. Und so sind wir alle mehr oder weniger der Meinung, dass eine schlanke Frau eine perfekte Frau ist – was totaler Quatsch ist.

Und trotzdem lassen wir uns beim Betrachten solcher Model-Bilder in einen Sog der Irrationalität reinziehen und vergessen die Realität. Das Schlimme daran ist ja, dass man selbst immer verliert, sobald man einen Vergleich mit diesen Darstellungen eines perfekten Körpers anstellt. Deshalb ist es so wichtig zu reflektieren, was man sich da gerade anschaut.

Frauen und ihr Körper, da gibt es jedenfalls unfassbar kaputte Beziehungen.

Wenn ich meine Freundinnen treffe, ist das immer eine Selbstzerfleischung.

»Schau mal, meine Riesennippel«, sagt die eine.

»Hier, guck mal, voll Cellu!«, sagt die nächste.

»Mein Bauch schwabbelt«, meint die Dritte.

Und die Vierte gibt zu: »Eigentlich gefällt mir gar nichts an mir.«

Boah, das ist so traurig – und eine solche Einstellung zum eigenen Körper will ich meinen Kindern auf keinen Fall vorleben. Ich habe in der Freundinnen-Runde mal gesagt, dass meine Brüste nach zwei Schwangerschaften und den Stillzeiten auch nicht mehr wie vorher aussehen und dass ich das schade finde.

Da schlug eine vor: »Lass sie dir doch einfach machen.«

Völlig frei von Ironie.

Ich wusste erst gar nicht, was ich antworten sollte, und dachte: »Nee, die lass ich mir nicht einfach so mal machen. Das ist eine Scheißoperation, Mann!«

Und ich sagte zu meiner Freundin: »Ganz ehrlich, irgendwie kann ich auch darüber lachen, wie meine Brüste jetzt aussehen. Und ich leide auch nicht genug darunter, um mich in Vollnarkose auf den OP-Tisch zu legen.«

Ganz ehrlich, ich finde die Verharmlosung von Eingriffen, die medizinisch nicht wirklich notwendig sind, echt krass. Eine Operation ist immer mit Risiken verbunden – und schließlich habe ich eine Verantwortung meinen Kindern gegenüber. Und dann merke ich auch wieder, dass der Leidensdruck eben nicht groß genug ist, sondern dass ich mich damit arrangieren kann, wie mein Körper jetzt aussieht.

Er ist nämlich schön – aber eben anders schön als vor den Kindern.

Und warum soll der Körper, in dem wir wohnen, auch für immer aussehen wie mit Mitte 20? Wir werden älter, das Leben verändert sich – und unser Körper natürlich auch mit. Freundet euch mit euren neuen Körpern an. Etwas anderes bleibt euch auf lange Sicht eh nicht übrig.

Dem eigenen Körper gegenüber freundlicher sein ist schwerer gesagt als getan, ich weiß. Trotzdem sollten wir es versuchen. Stattdessen machen sich viele Frauen einen Riesenstress.

Zum Beispiel denken sie auch, sie müssten komplett haarlos durchs Leben laufen.

Aber wie ätzend ist es bitte, sich die Arschritze zu rasieren?

Dann wachsen die Härchen nach, und es juckt und pikst die ganze Zeit. Einfach nur wow! Im besten Fall hatte man nicht mal Sex in dieser Zeit.

Also alles für den Arsch am Arsch.

Ich würde in diesem Zusammenhang gerne mal wissen, ob sich ein Mann da draußen jemals gedacht hat:

»Oh, das sind jetzt aber drei Arschhaare zu viel für meinen Geschmack.«

Ich bin da heute viel radikaler als früher und würde auch zu einem Kerl sagen: »Wenn's dir nicht passt, wie ich bin, dann geh weiter.«

Bei den Männern wachsen die Haare überall kreuz und quer, die haben teilweise so richtig dicke Borsten. Am Po, auf den Schultern, am Rücken. Keinen interessiert es. Die kämen nicht im Traum auf die Idee, sich deshalb unwohl zu fühlen. Und wir finden es ja auch okay und schicken sie nicht zum Rasieren unter die Dusche.

Ich habe mir teilweise über Dinge Gedanken gemacht, die sind so absurd. Zum Beispiel habe ich mich im Sommer oft dafür geschämt, wenn meine Füße aufgedunsen von der Hitze wie fette Weißwürste in der Sandale steckten. Als wäre ich der einzige Mensch mit geschwollenen Füßen im Hochsommer.

Wir Frauen stressen uns einfach viel zu krass rein. Es ist eine lebenslange Aufgabe, den eigenen Körper anzunehmen, wie er ist. Ich stelle mich hier nicht hin und sage, dass ich alles besser weiß. Ich wisst hoffentlich, dass es nicht so ist. In Wahrheit ist es ein Prozess, ich lerne meinen Körper nach den beiden Schwangerschaften gerade neu kennen und bin gespannt, wie es weitergeht.

Eins aber weiß ich sicher:

Wer Frieden mit dem eigenen Körper geschlossen hat, führt ein glücklicheres Leben. Ich bleibe dran!

Kapitel 12

LASST EUCH NICHT VERARSCHEN

Eigentlich hasse ich den Hashtag #mehrrealitätaufinstagram.

Aber wenn ich für eine Sache stehe, dann für mehr Realität auf Instagram.

Vor sieben Jahren habe ich mit Instagram angefangen. Am Anfang lief es auf meinem Kanal nicht gerade rund. Ich hatte wenige Follower – und ich habe den gleichen Scheiß gemacht wie alle anderen auch. Also pseudoschöne Fotos geteilt und die ganze gestellte Kacke halt.

Das war weder besonders aussagekräftig noch originell.

Und das Schlimmste: Es hat mir überhaupt keinen Spaß gemacht. Aber ich dachte, ich muss da jetzt halt mitmachen, weil es ja alle machen.

Es hat eine Weile gedauert, bis es mir dämmerte, dass man auf Instagram so sein kann, wie man ist. Und dass das auch das einzig Vernünftige ist.

Damals war es so, dass ich durch Instagram durchgebummelt bin und dachte: »Boah, haben die alle ein geiles Leben!«

Das Anschauen der vielen Bilder von all den erfolgreichen

und strahlenden Menschen hat mich fast ein bisschen depressiv gemacht.

Ich dachte: »Scheiße, das läuft bei allen so krass geil und bei mir irgendwie gar nicht. Was geht denn ab? Wie lame ist mein Leben eigentlich – und warum bin ich so viel weniger erfolgreich?«

So fühlte ich mich ganz oft. Das ging so weit, dass ich dachte, ich muss unbedingt aufhören mit Social Media, weil mir das überhaupt nicht guttut. Ich habe aber trotzdem weitergemacht. Auch, weil das jetzt das große Ding war und ich nicht außen vor sein wollte.

Was ich an Instagram aber heute noch problematisch finde: Es bildet die ganze Zeit eine heile, perfekte Welt ab – und das ist halt null meine Kragenweite. Alles ist Pastell und aufgeräumt, so bin ich einfach nicht.

Und: Wir wissen alle, was Filter machen können.

Die Fotos bei Instagram sind bei vielen mittlerweile so hart bearbeitet, das empfinde ich als richtig schlimm. Die Leute machen ihre Nase dreimal kleiner. Das ist nicht nur ihrer Community, sondern auch ihnen selbst gegenüber Kacke. Weil sie sich damit selbst verarschen.

Vollkommen klar, natürlich postet man nicht die Momente, in denen man zu Hause heulend auf der Coach sitzt. Obwohl, ein paar Leute gibt es natürlich schon, die das machen. Mir wäre das aber zu privat.

Was ich eigentlich sagen will: Klar sendet Instagram nicht eins zu eins das, was im wahren Leben gerade passiert. Keine postet, wie sie den ganzen Tag zu Hause gammelt und nichts erlebt. Das hätte ja auch keinen Neuigkeitswert.

Man veröffentlicht eben nur die Highlights. Und dann sitzt du zu Hause, hast heute vielleicht nicht viel erlebt, scrollst da durch und denkst dir, du bist der allerletzte Lauch und dein Leben ist eine komplette Scheiße. Die Gefahr, die damit verbunden ist:

> Jeder denkt, dass die anderen ein Megaleben führen. Und man selbst ein fürchterlich belangloses kleines Leben lebt. Dieses Gefühl kann für viele Menschen zum richtigen Problem werden.

Was wir als User nicht sehen, ist, wie die Menschen, denen wir bei Instagram folgen, wirklich leben. Vielleicht faulenzen sie seit Stunden im Schlafanzug zu Hause herum und raffen sich dann für zwei Minuten auf, um ein einziges tolles Selfie zu machen.

Und du denkst, ihr ganzer Tag war ein einziger Besuch in Disneyland.

Bei mir ist es nicht anders: Wenn ich für eine Kooperation gebucht bin, aber eigentlich einen richtig miesen Tag habe, dann lege ich den Schalter kurz um, mache ein bisschen Halligalli, und die Leute denken: Hey, die Evelyn hat immer so krass gute Laune!

Obwohl ich ein halbe Stunde davor vielleicht heulend auf der Coach saß. Soll alles schon vorgekommen sein. Lasst euch also nicht verarschen, Leute! Auf Instagram kannst du aus Scheiße Gold machen. Und zwar, indem du im richtigen Moment einen schicken Pulli anziehst, ein bisschen mit Haaren und Make-up zauberst und dann dumm in die Kamera grinst.

Das ist euch jetzt klar, oder?

Wir alle können nicht hinter die Kulissen schauen und

sehen nicht, was wirklich abgeht. Aber wir dürfen uns auch nicht blenden lassen. Instagram besteht aus Highlights. Das wahre Leben aber nicht.

Ich habe eine ganze Weile gebraucht, um zu begreifen, dass Instagram ein Game ist. Ein komplett inszenierter Bums. Wenn wir wollen, dass uns das nicht fertigmacht, dann müssen wir lernen, dieses Spiel zu spielen, ohne dabei psychischen Schaden zu nehmen. Oder uns eben dafür entscheiden, es sein zu lassen und uns da rauszunehmen.

Bei dieser Erkenntnis haben mir ein paar meiner Freunde geholfen, die mittlerweile auch groß auf Instagram sind. Ich sehe, was sie posten – kenne aber gleichzeitig auch ihr echtes Leben sehr gut. Ich durchschaue dadurch viel besser, wie es läuft.

Worauf ich absolut keinen Bock habe? Mein Leben ständig auf Instagram-Tauglichkeit zu überprüfen. Das macht man ja schon automatisch, dieser Gedanke läuft irgendwie immer im Hintergrund mit: »Ah, das wäre doch jetzt lustig, das könnte ich posten!« Das ist schon krass und irgendwo auch freaky, wie man diese Bubble in sein Leben integriert.

Du klopfst ab, welcher Moment sich für einen Beitrag eignen würde. Du fragst dich, ob es diese oder jene »Szene« deines Lebens wert wäre, gepostet zu werden.

Ich sage euch jetzt mal, wie es ist: Wenn ich ein Foto teile, auf dem ich meinen After-Baby-Schwabbelbauch in die Kamera halte, dann poste ich trotzdem nicht das schlimmste Bild, das von meiner Wampe auf dem Handy existiert.

Ich versuche immer noch, das Beste aus dem Schlimmen herauszuholen.

Das ist die ganze Wahrheit.

Also egal, wie vermeintlich realistisch jemand auf Instagram unterwegs ist:

Alles full of shit!

Denn Instagram ist IMMER inszeniert.

Schließlich hältst du auf jeden Fall einen kurzen Moment inne und überlegst, bevor du deine Kamera anmachst. In exakt dem Moment ist es nicht mehr das echte Leben, sondern ein von dir kuratierter Moment. Und selbst wenn du mit verquollenen Augen auf dem Wohnzimmerteppich sitzt, ist das eine Inszenierung, weil du dich ja dabei filmst.

Also auch, wenn ich mich zeige, wie ich bin, ist das dennoch inszeniert.

Selbst, wenn ich mir große Mühe gebe, die Wahrheit abzubilden. Aber um das schlimmste aller After-Baby-Schwabbelbauch-Fotos von mir zu posten, dafür bin sogar ich zu eitel.

Jede von euch muss sich das immer wieder klar vor die Linse holen: Es ist eine große Zirkusaufführung.

Und egal, wie lustig, traurig oder stylish jemand ist: Es steckt immer ein Gedanke dahinter, warum er genau jetzt dieses oder jenes von sich hinaus in die Welt postet. Bei Videos oder Storys ist es bei mir übrigens so, dass ich selten mal eines wiederhole. Meistens stelle ich den ersten Take online. Aber wenn ich sicher weiß, dass ich es noch lustiger hinkriege, dann drehe ich auch mal ein zweites Video.

Macht es euch also immer wieder bewusst: Es ist nicht das reale Leben, was auf Instagram stattfindet. Bei mir war es damals vor sieben Jahren jedenfalls so, dass es mich krass abgeturnt hat, ein Bild von mir zu präsentieren, das so einfach nicht stimmt. Ich finde diese ganzen Fashionblogger-Seiten teilweise auch so hart langweilig. Es tut mir leid, aber sich in teure Klamotten einzuhüllen und dann so zu tun, als würde man gerade die Straße hinunterschlendern und zufällig fotografiert werden, das ist so dämlich. Da kommt mir manchmal echt die Kotze hoch. Entschuldigung, aber was hat das denn mit geilem Lifestyle zu tun? Das ist doch schon fast peinlich.

Mit der Zeit habe ich jedenfalls immer mehr meinen eigenen Stil gefunden.

Es hat ein bisschen gedauert, bis der Groschen gefallen ist.

Irgendwann habe ich zu mir gesagt:

»Hey, ich mache das jetzt einfach so, wie ich halt bin. Und ich spreche über die Themen, die mich beschäftigen, und erzähle, was bei mir gerade abgeht.«

Und dann hat mir Instagram auf einmal Spaß gemacht.

Zack, so banal kann es manchmal sein. Wenn ich nicht authentisch sein kann, bin ich nicht mit ganzem Herzen dabei. Und das spüren die Leute. Ich glaube, meine Community mag meinen Instagram-Kanal deshalb so gerne, weil sie erkennt, dass ich Freude an meinen Beiträgen habe.

Bei aller Inszenierung, die auf Instagram stattfindet, ist das, was ich mache, höchstmöglich authentisch.

Das muss immer alles echt aus mir herauskommen, sonst wird es nicht gut, und man merkt sofort, dass da etwas nicht stimmt. Meine Videos und Fotos entstehen, weil ich gerade Lust auf Faxen habe. Weil ich gerade einen Song singe und halt mal mitlaufen lasse. Oder weil ich euch etwas erzählen muss. Es ist nie krass durchdacht, was ich da mache. Ich filme und fotografiere mich übrigens meistens selbst, weil ich klare Vorstellungen habe, wie es am Ende werden soll. Und es stresst mich schon, wenn ich jemandem erklären muss, wie ich mir was vorstelle. Und irgendwie lasse ich mich auch ungern von anderen filmen.

Was ich nie mache: Mich bei meiner Community abmelden, wenn ich ein paar Tage nichts poste. Manchmal brauche auch ich eine Pause, dann bleibt die Kamera aus. Ich finde es total affig, wenn sich die Leute von ihrer Community verabschieden, weil sie für kurze Zeit offline gehen.

Das hört sich dann in etwa so an:

»Hallo, ihr Lieben, weil so viele gefragt haben, warum ich mich gerade nicht melde. Ich bin jetzt erst mal drei Tage nicht da.«

Ja okay, verpiss dich doch einfach!

Es interessiert am Ende des Tages doch eh niemanden, jetzt mal ohne Scheiß. Ganz ehrlich, ich habe echt viele Follower, aber mich fragt sehr selten jemand, warum ich mich mal einen halben Tag nicht gemeldet habe. Ich glaube es den Leuten einfach nicht, dass sie ständig danach gefragt werden, wo sie denn waren.

Noch geiler ist eigentlich nur die Ansage:

»Weil soooo viele nach dem Pulli von neulich gefragt haben, sage ich euch jetzt, wo ihr ihn kaufen könnt.«

Ich glaube es einfach nicht!

Niemand hat nach deinem lausigen Pullover gefragt!

Was glauben die Leute denn, wie blöd wir alle sind? Das ist teilweise schon alles sehr billig. Ich meine, inszeniert doch gerne euren geilen Lifestyle, das verstehe ich auch irgendwie. Aber dass man Fragen von seinen Followern inszeniert, das finde ich bescheuert.

Das Schlimmste ist, wenn ich jemanden darum bitten muss, ein Foto von mir zu machen. Allein schon diese Frage: »Kannst du bitte ein Foto von mir machen?!« Das ist so eine peinliche Situation!

Zum Glück machen hin und wieder meine Freunde durch Zufall ein cooles Foto von mir, das ich dann verwenden kann. Und dann habe ich mit meiner Freundin Jule Lobo einen unausgesprochenen Deal: Wenn eine von uns beiden gerade geil aussieht, macht die andere unaufgefordert ein paar Bilder. Und nicht nur eins, sondern gleich 30. Vielleicht ist dann eins dabei, auf dem man einigermaßen okay ausschaut.

Es gibt ja nichts Bescheuerteres, als sich von jemandem fotografieren zu lassen, der darauf so gar keine Lust hat und dann widerwillig das Handy in die Hand nimmt.

Mein Mann zum Beispiel hasst es. Er findet Instagram ohnehin peinlich und ist da auch gar nicht angemeldet. Ich finde das gut.

Alex ist also so etwas wie der Anti-Instagram-Husband. Wenn er ein Foto von mir machen soll, ist es auf jeden Fall schlecht. Also mindestens verwackelt. Ohne Scheiß, da macht meine zweijährige Tochter Lilly bessere Fotos von mir. Aber Alex, der steckt da so gar keine Liebe rein. Und was noch schlimmer ist: Weil er es so sehr hasst, mich fotografieren zu müssen, bin ich dann dermaßen unsicher und gehemmt, dass die Fotos erst recht nichts werden.

Und er ist auch nur selten damit einverstanden, dass ich etwas mit ihm poste, weil er da einfach keinen Bock drauf hat. Ihr seht, das sind schon handfeste Probleme, die ich da habe.

Da lobe ich mir meine Jule, die ungefragt ein paar coole Pics von mir schießt und keine große Sache draus macht.

Es war übrigens bei Jules Hochzeit, als sie ihren Sascha heiratete, als ein legendäres Foto von mir gemacht wurde. Auf dem hocke ich gerade auf der Wiese und pinkele. Hochschwanger, wohlgemerkt.

Jede Schwangere versteht sofort, wie es für mich war, wie eine Verrückte im Botanischen Garten auf der Suche nach einem Klo herumzuirren. Aber da gab es natürlich weit und breit keins. Also ab auf die Wiese und ein Plätzchen zwischen den Apfelbäumen suchen.

Herrlich, wenn der Druck endlich nachlässt!

Ein Kumpel hatte nichts Besseres zu tun, als genau das zu fotografieren.

Ganz ehrlich, da überlege ich doch nicht lange, so ein Bild stelle ich sofort online, weil es einfach sauwitzig ist! Ich mag halt ehrliche Momente teilen und die Welt dadurch ein kleines bisschen zu einem humorvollen Ort machen.

Und so halte ich es auch mit meinem Körper: Ich zeige ihn exakt so, wie er ist. Mich in zu kleinen Klamotten, mich mit Stützstrumpfhosen oder in Unterwäsche, mich mit dem riesengroßen Babybauch. Was soll ich denn auch machen? Mich den halben Tag durch Body-Tuning-Apps durchjagen, die mich schlanker aussehen lassen? Sicher nicht.

Manchmal mache ich mir darüber Gedanken, dass vor Social Media ja keiner in diesem Ausmaß die Möglichkeit hatte, sich selbst zu präsentieren, eine Identität zu erschaffen und sich an die Menschen da draußen zu wenden. Ich würde zum Beispiel gerne mal wissen, wie Harald Juhnke Instagram genutzt hätte.

Wir werden es leider nie erfahren.

Kapitel 13

LIFE HAS A PLAN

Eines vorweg: Sich Sorgen zu machen ist mega-wichtig, weil es zeigt, dass wir uns mit den schwierigen Situationen und widrigen Umständen des Lebens auseinandersetzen. Durch Sorgen checken wir erst, was uns wichtig ist im Leben und was wir brauchen. Sie haben also durchaus ihre Berechtigung.

Das sollten wir nicht aus den Augen verlieren.

Egal, wie sehr uns die schwierigen Zeiten stressen.

Es gibt kein Leben ohne Probleme. Wenn man diesen bescheuerten Anspruch, dass im Leben irgendwann alles komplett gut sein soll, ablegen kann, hat man ganz schön viel geschafft.

Auf Englisch heißt das »expectation management«. Dabei geht es darum, die eigenen Erwartungen zu managen. Denn wer zu hohe Erwartungen an die Mitmenschen, an die Liebe oder das Leben an sich hat, wird möglicherweise ständig nur enttäuscht werden. Da hilft es total, die Erwartungen nicht so hoch zu hängen, dass man nicht mehr rankommt.

Fakt ist: Nur in ganz seltenen Momenten ist im Leben alles geil. Das ist dann eine crazy Momentaufnahme. Manche würden es auch den Zustand reinen Glücks nennen.

Aber die Realität ist, dass bei niemandem alles immer voll geil ist.

Auch verdammt reiche oder bekannte Leute haben Probleme.

Weltberühmte Ehepaare lassen sich scheiden, Adele von ihrem Simon, Angelina von ihrem Brad.

Auch die Kinder von Promis erkranken, bekommen Krebs.

Die Fitness-Influencerin Sophia Thiel hat eine Essstörung, ihre ganze Karriere stand auf der Kippe, und sie musste sich lange aus Instagram und YouTube rausziehen und eine Therapie machen.

Das Model Bella Hadid hat große psychische Probleme und Angststörungen. Und das sind nur ein paar Beispiele.

Wir denken immer, dass wir die Einzigen sind, die – banale oder weniger banale – Probleme haben. Die Wahrheit ist, dass es keine Ausnahmen gibt.

Alle Menschen haben Selbstzweifel, Angst um ihren Job, Stress mit der Familie oder finanzielle Sorgen. Und wenn ihr Kinder bekommt, geht es erst richtig los. Dann macht ihr euch im Grunde genommen den ganzen Tag lang nur noch Gedanken und Sorgen, dass ihnen etwas zustoßen könnte oder ob ihr als Eltern einen guten Job macht. Mit Kindern sind Sorgen und Probleme euer ständiger Begleiter.

Manche Probleme kann man mit Geld lösen, die allermeisten aber nicht. Ich habe einige Freunde, die aus krass reichen Elternhäusern kommen. Und ich kann euch sagen: Geld ist keine Garantie für Glück.

Ich habe früher immer davon geträumt, viel Geld auf dem

Konto zu haben. Ich dachte, dann fühle ich mich frei und bin glücklich. Ich hatte lange Zeit nicht wirklich viel Geld. In den letzten Jahren lief es aber besser, was wirklich schön ist. Als ich neulich meinen guten Kontostand sah, war ich aber etwas ernüchtert. Ich dachte wirklich, ich würde dann anders empfinden. Stattdessen nahm ich den Kontostand recht ungerührt zur Kenntnis. Mein erster Gedanke war – Achtung! – die nächste Steuerrückzahlung. Dann ging ich zurück zum Tagesgeschäft.

Was Geld aber natürlich auf jeden Fall macht: unabhängig. Wie Marcel Reich-Ranicki mal so schön sagte: »Geld macht nicht glücklich. Aber wenn man unglücklich ist, ist es schöner, in einem Taxi zu weinen als in der Straßenbahn.« (Auch geil, dass ich in meinem Buch den Literaturpapst Marcel Reich-Ranicki zitiere. Würde ich nur zu gerne den Leuten zeigen, die mich damals von der Schule geschmissen haben.)

Halten wir fest: Mit Geld kann man viele Probleme nicht lösen. Und das ist ja irgendwie auch ein tröstlicher Gedanke. Es braucht in den allermeisten Fällen einen gesunden Menschenverstand und auch ein Grundvertrauen, dass alles gut wird.

Viel bedeutender als ein voller Kontostand ist es, im Leben etwas zu tun, was einen mit Sinn erfüllt.

Und bei sehr reichen Leuten habe ich manchmal das Gefühl, dass ihnen genau dieser Purpose fehlt.

Man darf sich Sorgen machen und auch verzweifelt oder deprimiert sein. Aber ich finde es gleichzeitig auch gut zu schauen, wo der Hund eigentlich begraben ist. Um das Problem dann aktiv anzugehen. Ich habe oft das Gefühl, es gibt viele Leute, die immer nur motzen und innerlich gar nicht bereit sind, aus ihrer negativen Einstellung wieder rauszufinden. Und ich meine hier explizit NICHT Leute mit psychischen Erkrankungen wie etwa einer Depression. Denn ich weiß, dass man da nicht einfach mit guten Gedanken und einer Liste mit netten Sprüchen wieder rauskommt.

> **Bei allen anderen gilt: Sorgenvolle Zeiten sind auch immer die Chance, etwas zu verändern. Sie sind ein Arschtritt, das Leben anzugehen und neu zu denken.**

Das Coole ist, dass euch schlechte Zeiten ziemlich sicher bessere Zeiten bringen. Und zwar dann, wenn ihr es schafft, eure Probleme anzugehen und eine Lösung zu finden. Je früher ihr also loslegt, desto schneller geht es euch auch wieder besser. Das ist doch ein tröstlicher Gedanke.

Was ich mir so für (unnötige) Sorgen mache?

Ich bin in meinen Dreißigern, verheiratet, habe zwei Töchter. Was fehlt noch zum perfekten Spießerglück?

Das Eigenheim, richtig!

Nun ist es so, dass die Leute um mich herum in ziemlich vergleichbaren Lebenssituationen sind. Alle stellen sich ähnliche Fragen: Bleiben wir in der Stadt wohnen, oder ziehen wir aufs Land, damit die Kinder mehr Platz, Vogelzwitschern und frische Luft haben? Können wir uns eine Immobilie kaufen und abfinanzieren?

Ständig sagt jemand auf dem Spielplatz:

»Wir gucken auch schon seit Längerem und haben uns am

Wochenende wieder zwei Häuser im Speckgürtel angeschaut. Wir träumen von einem eigenen Garten, damit wir selbst Tomaten ernten können. Aber es ist halt alles unbezahlbar.«

Halt dein Maul, ey. Boah, ich kann das nicht mehr hören. Das sind solche Kack-Wohlstandsprobleme.

Aber ja, solche Gespräche setzen mich trotzdem unter Druck. Weiter total überteuert zur Miete wohnen? Oder den Sprung wagen und sich jetzt auch noch einen Immobilienkauf an den Hals binden? Was ist das Beste für meine Kinder? Dazu kommt, dass Alex und ich Leute sind, die sich nicht gerne mit Geldinvestieren und Krediten befassen. Solche Themen sind für uns echt ein Albtraum. Ich habe erst vor einer Woche zum ersten Mal gecheckt, was eine Kryptowährung ist. Das zeigt doch, wie wenig ich mit diesem Finanzkram am Hut habe. (Das könnt ihr jetzt alle mal schön googeln, gell?)

Jedenfalls denke ich jetzt ständig, ich müsste auch irgendeine Immobilie besitzen. Was natürlich Quatsch ist, denn man kann als ganz normale Mieterin ein sehr erfülltes Leben führen.

Außerdem liebe ich die Großstadt viel zu sehr, als dass ich jemals an einen Ort ziehen würde, wo es nur einen Bäcker und keine Kneipe gibt. Ich bin einfach kein Kleinstadtmensch, das merke ich jedes Mal, wenn ich meine Eltern besuche. Wenn ich für zwei Wochen in Regensburg bin, geht mir der Spirit dort irgendwann so auf den Sack. Ich kriege von so einer kleineren Stadt einfach keine Inspiration und werde auf eine merkwürdige Art und Weise müde.

Ja, ich brauche den Trubel der Metropole, der gibt mir einfach etwas. Wenn ich hier in Berlin vor die Tür gehe und so viele bunte Leute sehe und die ganzen Cafés und Läden, dann fühle ich mich total lebendig und kriege sofort gute Laune.

Also nichts mit Einfamilienhaus im Grünen für uns. Da würden wir eingehen und uns wahrscheinlich nur noch streiten. Also mieten wir weiterhin.

Was mir aber hilft, wenn ich aus dieser Immobilienkauf-Gedankenspirale nicht herausfinde:

Ich denke an meinen eigenen Tod.

Kein Witz.

Ich führe mir vor Augen, dass ich eines Tages sowieso sterbe.

Wofür brauche ich dann acht Eigentumswohnungen?

Mir hilft dieser Gedanke, dass wir alle irgendwann sterben und den ganzen Krempel dann ohnehin nicht mehr brauchen, ungemein. Das ist natürlich ein bisschen schmerzhaft, denn wer denkt schon gerne an das eigene Ende?

Gleichzeitig ist dieser Gedanke aber auch befreiend. Ich muss mich doch gar nicht so hart reinstressen, weil ich doch sowieso nur dieses eine Leben habe. Es macht doch viel mehr Sinn, die Zeit, die wir hier auf der Erde haben, zu genießen.

Stresst euch nicht so rein. Macht nichts, nur weil das alle jetzt so machen, ihr aber eigentlich nicht dran glaubt. Geht nach eurem eigenen Rhythmus, und glaubt an das Timing eures Lebens.

Und bitte macht euch nicht im Vorfeld Sorgen über Dinge, die noch gar nicht eingetroffen sind oder die in weiter Zukunft liegen. Malt den Teufel nicht an die Wand, das war noch nie eine besonders gute Erfolgsstrategie. Viel besser: Geht das

Problem an, wenn es vor euch liegt. Und bis dahin macht ihr euch eine gute Zeit und sammelt Kraft für schwerere Zeiten.

Ich habe früher in einer Coverband gesungen und gutes Geld verdient. Ein Kollege in der Band war aber ein Riesenarsch, er hat mich immer rundgemacht und vor allen anderen angeschrien, wenn mal etwas nicht funktioniert hat. Mit der Zeit merkte ich, dass mir das an die Substanz geht.

Auf der anderen Seite stand da aber das Argument, dass ich ein regelmäßiges Einkommen durch die Auftritte hatte. Eines Tages patzte ich während eines Auftritts. Ich vergaß den Text von »Could you be loved«. Der Typ rastete aus, er beleidigte mich noch auf der Bühne vor dem Publikum so krass. In dem Moment war bei mir der Ofen aus, es war genug: Ich nahm meinen ganzen Mut zusammen und schmiss hin! Vor allen Leuten. Bähm! Ich bin weinend mit meinem schwarzen Polo nach Hause gefahren.

Natürlich hatte ich danach erst mal ordentlich Muffensausen. Wie würde ich in den kommenden Monaten meine Miete bezahlen? Keine Ahnung.

Doch dann passierte Magisches: Es kamen viel geilere Projekte. Es dauerte nicht lange, da fand ich eine bessere Band, mit der es großen Spaß gemacht hat aufzutreten – ich hatte eine großartige Zeit!

Rückblickend betrachtet weiß ich: Hätte ich nicht den Mut aufgebracht hinzuschmeißen, wäre die neue Band niemals in mein Leben gekommen. Mein Alltag hätte also daraus bestanden, dass ich mich anschnauzen und erniedrigen lassen müsste.

Leute, man muss sich manchmal im Leben einfach frei

machen, um auch wieder klar denken zu können und etwas Abstand zu allem zu gewinnen. Das kostet Überwindung, ich weiß. Aber es lohnt sich in den allermeisten Fällen.

Fast alles, was im Leben passiert, ist gut für uns. Vielleicht checkt man das erst einmal nicht. Aber hinterher ergibt es doch meistens einen Sinn. Für mich war es richtig hart, als ich von der Schule geschmissen wurde. Natürlich habe ich als Jugendliche keinen Sinn darin gesehen, warum das passieren musste.

Heute weiß ich: Wenn ich einen ganz normalen Weg gegangen wäre mit Abitur und allem Drum und Dran, dann wäre ich heute auf keinen Fall da, wo ich jetzt bin. Und glaubt mir: Da, wo ich jetzt bin, bin ich saumäßig happy. (Na ja, vielleicht hätte ich tatsächlich Medizin studiert oder die Pacht für einen Minigolfplatz übernommen. Die Range, was ich mir so vorstellen kann, ist ziemlich groß. Aber was ich jetzt mache, ist einfach das ALLERBESTE!) Wahrscheinlich war der Schulverweis der erste Wink mit dem Zaunpfahl, dass ich eine bin, die nicht ins Schema passt.

> **Das Leben, es ist eine Mischung aus Glück, Talent und Schicksal und spült einen schon dahin, wo man hingehört. Daran müsst ihr fest glauben, ich tue es auch! Denn das Leben hat einen Plan für uns, auf den wir vertrauen können.**

Deshalb sollten wir uns auch nicht unnötig quälen mit Dingen und Jobs, die uns nicht liegen. Ich kenne genügend Leute, die ewig und drei Tage irgendwelche Fächer studieren, die sie eigentlich scheiße finden. Was für eine Verschwendung, dafür ist das Leben doch zu kurz! Ich rate ihnen dann, das Studium mal für eine Zeit zu unterbrechen und zu schauen, was ihnen wirklich Spaß macht, wo es sie hinzieht. Und wenn sich herausstellt, dass das Studium doch das Beste war von allen Alternativen? Dann kann man wieder zurück an die Uni gehen. Dann hat man aber wenigstens zwischendurch mal etwas gewagt und ist um ein paar Erfahrungen reicher.

Ich habe mir auch oft Sorgen gemacht, wo die Reise hingehen soll. So ein freies Leben ohne Festanstellung ist nicht unbedingt für jeden etwas. Ist es das für mich? Das habe ich mich immer wieder gefragt. Was ich für mich irgendwann verstanden habe, ist, dass es ganz oft keine einfachen Antworten und erst recht keine Patentlösungen gibt. Man muss für sich selbst herausfinden, womit man sich am wohlsten fühlt. Und ich blühe als freie Entertainerin eben erst so richtig auf.

Wenn man sich mal wieder krasse Sorgen um die Zukunft macht, hilft in den allermeisten Situationen: sich das Worst-Case-Szenario vorstellen.

Also: Was ist das Schlimmste, was passieren könnte?

Den Tipp hat mir mal eine Bekannte gegeben, als wir in die neue Wohnung gezogen sind. Ich habe mir da einen Riesenkopf gemacht wegen der höheren Mietkosten. Aber wir brauchten eben dringend eine größere Wohnung, weil unsere zweite Maus unterwegs war. Und wir wollten unbedingt in unserem Kiez bleiben, in der Nähe bei unseren Freunden. Also war die Auswahl an Wohnungen nicht allzu groß, und die Zeit drängte vor der Geburt.

Die Bekannte sagte: »Evelyn, was ist das Schlimmste, was passieren könnte? Das wäre doch, dass du irgendwann merkst, dass ihr die Miete nicht gestemmt bekommt. Ja gut, dann sucht ihr euch eben etwas Preiswerteres und zieht wohl oder übel nach ein paar Monaten wieder aus.«

Genial, oder? Seitdem stelle ich mir immer das Worst-Case-Szenario vor, wenn ich mir wegen einer scheinbar ausweglosen Situation große Sorgen mache. Was kann im schlimmsten Fall passieren? Meistens ist es dann gar nicht so schlimm, also zumindest nicht existenziell oder krass dramatisch.

Und dann denke ich auch daran zurück, wie ich mit 15 Jahren von der Schule geflogen bin. Hey, wenn man an so einer Scheiße nicht zerbricht, dann schafft man auch so einige andere Dinge im Leben.

> **Führt euch immer mal wieder vor Augen, welche crazy Situationen ihr schon meistern konntet. Was ihr erreicht und erlebt habt. Das vergessen wir alle gerne allzu oft.**

Und macht euch mal klar, wie lächerlich euch Probleme im Nachhinein oft vorkommen.

In der jeweiligen Situation meinen wir, die Welt geht gleich unter. Ey, wie oft ich in der Schule wegen einer schlechten Note geflennt habe und dachte, mein Leben sei jetzt vorbei. Heute interessiert es keinen Horst mehr, welche Note ich in Physik in der siebten Klasse hatte. Hinterher ist alles meistens gar nicht so wild, weil wir das Problem dann wieder in seiner Relation betrachten können. Während wir in der jeweiligen Situation völlig panisch einfach nur rotsehen.

So, und jetzt macht euch selbst mal so richtig Mut, klopft euch auf die Schulter: Sollte es aktuelle Herausforderungen in eurem Leben geben, dann werdet ihr sie schaffen.

Weil ihr starke Superscheiden seid! Word!

Kapitel 14

WENN DU NICHT KACKEN KANNST, IST DAS EINFACH NICHT COOL

Ihr wisst, dass ich ein Faible für Pipi-Kacka-Humor habe – wie fast alle coolen Menschen, die ich kenne.

Mit ein paar Freunden habe ich schon ausgemacht, dass sie an mein Sterbebett kommen und dann einen knattern lassen. Weil ich weiß, dass ich dann definitiv noch mal richtig schön lachen werde.

Meine Schwester und ich blähen uns teilweise so zu und haben dabei unseren größten Spaß. Wir nennen uns die Trompetenkäfer!

Und darum möchte ich in diesem Kapitel ein paar meiner krassesten Anekdoten EVER zum Thema »Ausscheidungen« versammeln. Ja, es geht mir darum, dass ihr euch ordentlich auf die Schenkel klopft vor Lachen.

Aber da ist noch etwas anderes: Ich möchte übers Pipi- und Kackamachen schreiben, damit wir Frauen endlich damit aufhören, uns für die vollkommen natürlichen Vorgänge unseres Körpers zu schämen. Es muss ein für alle Mal vorbei sein mit der Scham (aber mal ganz ehrlich: Wir wissen alle, dass das nie passieren wird).

Ich kenne so unfassbar viele Frauen, für die es nichts Schrecklicheres gibt, als wenn sie bei einem Date pupsen müssen. Oder noch schlimmer: wenn sie bei einer neuen Eroberung zu Hause sind und dann groß aufs Klo gehen müssen.

Ich habe eine Freundin, die in so eine verzwickte Situation kam, als sie zum ersten Mal mit ihrem neuen Freund bei seinen Eltern zu Besuch war. Der Antrittsbesuch sozusagen, ein ganzes Wochenende lang. Erst konnte sie vor lauter Aufregung gar nicht richtig auf Toilette gehen. Dann wurde der Leidensdruck aber immer größer, und es drückte ihr immer unangenehmer im Bauchraum. Die Wurst wollte raus!

Mittlerweile hatte sie aber eine so krass panische Angst davor, dass ihr neuer Freund oder dessen Eltern von ihrem Kackgeruch Wind bekommen könnten, dass sie sich nicht anders zu helfen wusste, als in den Garten zu flüchten. Dort hockte sie sich hinter eine dichte Hecke und legte ihr Ei.

Gebt euch das bitte mal! Was ist mit uns Frauen bloß los?! Ich kann hier keinesfalls behaupten, ich sei in dieser Beziehung auch nur einen einzigen Schritt weiter. Und hier kommt der Beweis:

Als mein Mann Alex und ich am Ende der zweiten Schwangerschaft Sex hatten, hatte ich so was von keine Kontrolle mehr über meinen Körper. Vor allem nicht über meinen Arsch. Während wir also im Bett zugange waren, konnte ich nichts mehr zurückhalten – ich musste lang und breit furzen.

Da lag ich also mit meinem Riesenbauch, eh schon total ausgeliefert, weil ich mich kaum mehr bewegen konnte, und lasse megalaut und in epischer Breite einen fahren. Ich muss euch wirklich sagen: Obwohl dieses Ungeborene in meinem Bauch unser zweites Kind war, wir verheiratet sind und zusammen einen Haushalt führen, habe ich mich drei Tage lang in Grund und Boden geschämt. Das war so schlimm für mich, einer der peinlichsten Momente meines Lebens. Ich dachte: »Legt mir die Scheidungspapiere hin, ich unterschreibe sie sofort. Dem Typen kann ich doch nie wieder in die Augen schauen!«

Wo wir gerade beim Sex sind: Kennt ihr diese Furzgeräusche, die aus der Scheide kommen? Schlimm! Wenn das passiert, hüpft man so durchs Bett und ruft laut »Haaa, 'tschuldigung!«. Und dabei furzt man noch weiter und macht alles natürlich nur noch schlimmer. Es ist der absolute Horror.

Dass der Typ so etwas sehr wahrscheinlich schon bei anderen Frauen erlebt hat, kommt mir in so einem Moment total abwegig vor. Denn in meiner Vorstellung hatten die Kerle, mit denen ich mal was hatte, vor mir ausnahmslos Zauberscheiden im Bett, aus denen niemals irgendwelche Geräusche kommen würden.

Worauf ich hinauswill:

> **Diese Scham rund um die Geräusche und Gerüche unseres Körpers macht uns klein. Sie hemmt uns, Sex zu genießen und stolz auf diesen wunderbaren Körper zu sein, in dem wir unser Leben verbringen dürfen.**

Und gibt es nichts Schrecklicheres, als sich für das zu schämen, was so natürlich ist, dass es alle Menschen miteinander verbindet?

Egal, ob Multimillionärin oder Arbeitsloser. Egal, ob Hollywoodstar oder die Kassiererin vom Lidl. Egal, ob Papst oder die Queen: Wir alle atmen, schlafen, essen – und müssen aufs

Klo. Und wir alle machen dabei Geräusche und hinterlassen dann und wann auch Gerüche.

Leute, Stuhlgang zu haben ist die normalste Sache der Welt. Und ein Privileg.

Jeder hat ihn.

Und alle kriegen einen roten Kopf beim Kacken.

Gleichzeitig ist Scheißen aber ein riesengroßes Tabuthema. Und ich frage mich: warum eigentlich? Wir sitzen doch auch zusammen am Tisch und genießen ein Essen. In dem Moment ist doch jedem klar, was als Ergebnis unweigerlich ein paar Stunden später aus uns herauskommt. Warum reden wir so viel übers Essen und Kochen und die richtigen Lebensmittel – aber was der Körper daraus macht, darüber halten wir uns lieber bedeckt?

Vor allem bei älteren Leuten, das weiß ich noch aus meiner Zeit im Krankenhaus, hat guter Stuhlgang ganz viel mit Lebensqualität zu tun. Wenn du nicht kacken kannst, ist das einfach nicht cool. Da geht es einem nicht gut.

Stuhlgang ist auch bei den Allerkleinsten das A und O. Wenn Babys nicht groß machen können, werden sie richtig quengelig. Und ich übrigens auch. Am schlimmsten ist es, wenn ich zu einem Termin losmuss und spüre, dass ich gleich mal kötteln müsste – es jetzt aber noch nicht so weit ist. Dann steht immer die Frage im Raum: einfach losgehen oder zumindest mal einen Versuch wagen? Wenn ich mich dann für den Versuch entscheide, kommt auch meistens etwas – aber eben nur die halbe Portion. Die Zeit war schließlich noch nicht reif. Und ich sage es euch, das ist dann der unbefriedigendste Schiss aller Zeiten. Ich würde gerne noch ein bisschen mehr Zeit auf dem Klo verbringen und warten, ob der

Rest auch noch rauskommt. Aber ich muss dann mit dieser halben Wurst in meinem Enddarm aus dem Haus. Das macht mir richtig schlechte Laune.

Richtig gute Laune bekomme ich hingegen bei einer Glückswurst, um mal etwas Positives zu erzählen. Wisst ihr, was das ist? Ich hoffe, ihr nickt jetzt ganz doll beim Lesen.

Denn was gibt es bitte Geileres im Leben als einen astreinen Glücksschiss? Du putzt dich ab, und es gibt KEIN EINZIGES MAL irgendeinen Kackstreifen auf dem Klopapier. Das ist für mich der perfekte Lifestyle! Da sage ich wirklich JA zum Leben!

Das Gegenteil von so einer Glückswurst ist übrigens, wenn du dir gefühlt 80 Mal den Arsch abwischst, und es hört und hört nicht auf. Immer wieder ist das Papier voller Kackreste.

Da frage ich mich jedes Mal, wie das überhaupt geht, wo das ganze Zeug bitte schön herkommt.

Glückswurst hin oder her, wenn es um die Ausscheidungen unseres Körpers geht, haben wir Frauen vor allem dann ein Problem, wenn wir der Meinung sind, dass ein Mann sich an ihnen stören könnte.

Ihr könnt es euch sicherlich denken, dass ich in Bezug auf Männer auch schon richtig in die Scheiße gegriffen habe. Und das meine ich jetzt nicht im übertragenen Sinne.

Als ich zum ersten Mal bei meinem Ex-Freund zu Besuch war, merkte ich gleich, dass seine Einzimmerwohnung mega-hellhörig war. Da ist es ja eh schon unangenehm, wenn du für längere Zeit im Bad verschwindest.

Wenn du dann auch noch mehrmals spülen musst, ist alles

klar. Dann liegt der Typ geil im Bett, wartet auf dich und weiß sofort, dass du gerade einen abgeseilt hast.

Ich hatte also gehofft, dass es nicht so weit kommen würde, aber dann musste ich doch groß. Ich wollte das alles so schnell und diskret wie möglich hinter mich bringen – und stand deshalb gehörig unter Druck.

Der Fehler passierte, als ich vor lauter Ungeduld zu früh mit der Toilettenbürste im Klo rumhantiert habe. Papier und Kacke waren noch nicht ganz runtergespült. Das ganze Papier hat sich dann mit den Resten der Wurst in der Klobürste verheddert, und ich musste bestimmt zehnmal spülen, bis alle Fetzen wieder rausgewaschen waren. Und die Zeit lief gegen mich.

Als ich wieder aus dieser Toilette rauskam, war ich völlig am Ende. Keine Chance, die sexy Stimmung wiederherzustellen. Ehrlich, solche Situationen wünsche ich meinem schlimmsten Feind nicht, das ist einfach so uncool.

Einmal hatte ich mit einem Typen das dritte Date, wir waren zu später Stunde bei ihm zu Hause gelandet. Ich musste groß aufs Klo, keine große Sache bis hierhin. Ich lege also mein Ei. Doch dann merke ich, dass die Klospülung nicht funktioniert – und werde leicht panisch. Whaaaat?! Ich rufe also aus dem Bad zu ihm raus: »Hey, kann es sein, dass deine Klospülung nicht geht?«. Er so: »Ja, da steht aber eine Gießkanne neben der Toilette.«

Leute, das war eine fucking Kindergießkanne!

Dementsprechend hat es eine Ewigkeit gedauert, bis die Wurst endlich weggeschwemmt war. Mir war das so unfassbar unangenehm, weil der Typ ja checken musste, warum ich so lange wegblieb.

Wobei man sich natürlich auch die Frage stellen muss, was genau mir daran eigentlich unangenehm war. Jedem Mann dieser Welt muss schließlich klar sein, dass auch Frauen Stuhlgang haben, oder?

Einer Freundin von mir ist exakt das Gleiche passiert, zum Glück aber bei einem anderen Kerl. Er hatte aber leider nicht mit einer Gießkanne vorgesorgt. Mist! Was hat meine Freundin aus lauter Verzweiflung gemacht? Sie nahm ihre Kackwurst in die Hand, öffnete das Badfenster und warf die Wurst raus. Wohin genau, wissen wir bis heute nicht.

Lustige Geschichte, aber was geht eigentlich bei uns Frauen ab?

Wie kommen wir auf die Idee, dass unsere Kacke nach Rosenblüten und Veilchen duften muss? Männer machen sich über so etwas – wie so oft – keine Platte. Ihnen ist so etwas einfach viel weniger unangenehm, was ich echt bewundernswert finde.

Wobei es sicher auch den Jungs hart unangenehm ist, wenn sie bei einem Date furzen müssen. Das ist halt einfach ein Stimmungskiller, eine richtig fiese Angelegenheit, wenn man gerade dabei ist, einen sexy Eindruck zu hinterlassen. Und dann kommt unten auf einmal so eine stinkende Furzgranate raus.

Hier habe ich aber einen genialen Tipp für euch, auf den mich meine beste Freundin Vroni gebracht hat, ich selbst wäre da nie draufgekommen.

Wenn ihr also mit einem Typen die Nacht verbringt und merkt, dass ihr furzen müsst, dann zieht mal easy eine Arschbacke zur Seite.

Also nicht beide Arschbacken auseinanderziehen, das wäre zu viel. Sondern ganz sachte nur eine, sodass sich das Poloch leicht entspannt. Ihr werdet es nicht glauben, aber man hört den Pups nicht mehr. Riechen ist eine andere Sache, aber vielleicht habt ihr Glück, und es handelt sich nicht um einen Stinkerpups. Und wenn er doch riecht, dann ist es immer noch besser als Pupsgeräusch plus Stinken.

Probiert es aus! Wobei ich euch natürlich wünschen würde, dass ihr nur mit Männern im Bett liegt, bei denen ihr keinen Pups unterdrücken müsst.

Auch schlimm: Wenn du mit einem hotten Typen beim Essen sitzt und mal einen flattern lassen musst. Man merkt ja erst beim Dating, wie oft man eigentlich am Tag vor lauter Aufregung bläht. Das wird einem erst dann klar, wenn man versucht, die Pupse zu unterdrücken. In den allermeisten Situationen des Lebens lässt du möglichst unauffällig einen fahren und hoffst, dass keinem etwas auffällt. Wenn du aber nicht darfst, kann es zur Tortur werden. Es staut sich den ganzen Abend auf. Und dann kommt der Moment, in dem du so viel Luft angestaut hast, dass dein Magen Delfingeräusche macht. Das ist natürlich auch wieder peinlich, weil dein Gegenüber jetzt schnallt, dass bei dir voll die Blähungen am Start sind.

Ich habe einmal meine Blähungen so sehr unterdrückt, dass ich krasse Schmerzen bekam und dachte, ich hätte einen Herzinfarkt.

Wenn ich bei einem Typen übernachtet habe, ist es mir schon öfter passiert, dass ich dachte, ich könnte jetzt mal schnell einen fahren lassen, während er selbst aufs Klo gegangen ist oder in der Küche etwas zum Trinken holt.

Tja, dumm ist nur, wenn er zu früh zurückkommt, und unter der Bettdecke stinkt es noch brutal nach Pups. Ich wedele dann immer krass aggro mit der Bettdecke, damit der Gestank irgendwie verfliegt. Spätestens dann ist aber natürlich jedem im Raum klar, was hier Sache ist.

Ich habe euch vorhin erzählt, wie schrecklich unangenehm mir der superlange Furz im Bett mit meinem Mann Alex war.

Natürlich plädiere ich dafür, dass wir mit alldem offener und entspannter umgehen sollen, mir selbst gelingt das aber auch nicht. Trotz fünf Jahren Beziehung ist mir das alles noch immer unangenehm. Obwohl ich sagen würde, dass ich schon besser darin geworden bin – da ist noch Luft nach oben.

Neulich hatte ich wieder so eine Situation mit Alex: Ich musste krass kacken und bemerkte zu spät, dass das Klopapier alle war. Also rief ich ihm zu: »Baby, wir haben hinten im Bad kein Klopapier mehr!« Er brachte mir eine Rolle von der Gästetoilette, auf der noch exakt vier Blätter drauf waren.

Dazu müsst ihr wissen: Ich benutze derbe viel Klopapier. Es fängt schon damit an, dass ich erst mal das Klopapier in die Schüssel drapiere, weil ich keinen Bock habe, dass das Wasser hochspritzt, wenn die Wurst reinfällt. Es macht mich nämlich richtig fertig, von der Toilette angespritzt zu werden.

Ich sage also zu Alex: »Du, das reicht mir nicht.« Da schaut er mich doch tatsächlich fragend an und sagt: »Wenn dir das nicht reicht, dann solltest du mal zum Arzt gehen.« Da habe ich mich doch glatt wieder geschämt! Oh Mann!

So, genug von all den Kackgeschichten. Jetzt mal zu was Leichterem: Pipi!

Ich pisse ja überallhin, aus Prinzip. Das sage ich euch ganz ehrlich. Wo ich schon überall hingestrullert habe, das kann ich gar nicht mehr aufzählen. Ich bin da ziemlich schamlos, sodass schon ziemlich viele Leute meinen Arsch gesehen haben dürften. Das ist mir auch deshalb egal, weil ich mir denke: »Euch sehe ich alle nie wieder!«

Tricky wird es allerdings, wenn ich on the road bin. Ihr glaubt doch nicht ernsthaft, dass ich auf so ein Raststätten-Klo gehe. Oder noch besser in ein Parkplatz-Scheißhaus. Das könnt ihr mal schön knicken! Ich hätte viel zu große Angst, dass da eine Leiche liegt. Dass ich ein Crime aufdecke, nur weil ich mal eben kurz pissen muss.

Das Problem ist aber, dass das Gebüsch rund um diese Autobahn-Parkplätze mega-eklig ist, weil die Leute da einfach alles liegen lassen. Bäh!

Also was tun? Ich habe einen krassen Trick für euch: Ich öffne einfach die Beifahrertür und auch die Tür dahinter. Dann habe ich zwischen den beiden Autotüren eine Luke, in der ich ganz in Frieden mein Geschäft verrichten kann. Also Pipi. Hinscheißen würde ich da jetzt nicht.

Brunzen (so nennen wir in Bayern Pipi machen) in freier Wildbahn ist für Frauen auch so schon eine große Herausforderung. Wir alle kennen das: Der Strahl ist unberechenbar. Manchmal kommt er schön gerade – vor allem dann, wenn ich in die Dusche pinkele.

Aber ausgerechnet dann, wenn ich einen astreinen Strahl bräuchte, kommt ein fucking Niagarafall.

So ein Strahl des Todes geht in alle Richtungen.

Es spritzt wie Sau.

Dann hocke ich irgendwo in der Walachei, und unter mir bildet sich ein Bach. Und der läuft selbstverständlich immer in die Richtung ab, in der einer meiner Schuhe steht.

AAAAARRRGGGHHH! Um das zu verhindern, versuche ich, während des Pinkelns mit dem nassen Fuß hochzugehen, und kippe dabei fast um.

In solchen Momenten wünsche ich mir dann doch einen Penis.

Mir fällt aber auch keine wirkliche Alternative zum Pinkeln in freier Wildbahn ein. Denn ich meide öffentliche Klos nicht nur auf Reisen wie der Teufel das Weihwasser. Ich würde mich wirklich niemals auf eine öffentliche Toilette setzen. Never ever.

Ich stelle mich also über das Klo, und es lässt sich meistens nicht vermeiden, dass ich die Klobrille anpinkele. Dadurch wird ziemlich zuverlässig auch mein Hosenbein nass. Ist mir schon tausendmal passiert. Und dann sieht halt auch jeder Depp, dass ich mich selbst angestrullert habe. Wunderbar.

Öffentliche Toiletten sind einfach schrecklich, und mir fällt auch keine Lösung ein, wie man sie zu einem besseren Ort machen könnte. Jahrelang habe ich die Klobrille dick mit Toilettenpapier ausgelegt, um mich hinsetzen zu können. Hygienisch ist das leider nicht, das weiß ich heute. Im Grunde bringt es gar nichts.

Ich kenne ein paar Frauen, die hocken sich auch nicht aufs Klo. Sie legen aber ihre Hände auf die Klobrille – auf einer öffentlichen Toilette! – und setzen sich dann auf die Hände drauf. Weil sie meinen, das wäre hygienischer. Ciao!

Ihr kennt solche Frauen nicht?! Mir fallen fünf ein, mindestens! Die schießen in meinen Augen komplett den Vogel ab. Meine Freundinnen wissen, dass ich das unsagbar schlimm finde. Und schicken mir von Zeit zu Zeit Fotos davon, weil sie wissen, dass sie mich damit so krass auf die Palme bringen. Öffentliche Toiletten sind ja auch deshalb so räudig, weil jeder danebenpisst und -kackt.

Und doch finde ich unser System eines Klos gar nicht mal so schlecht, weil man so immerhin ganz gut eingrenzen kann, wo die Fäkalien landen. In Asien gibt es häufig nur ein Loch im Boden, und rechts und links ist Platz für die Füße. Da hockt man sich einfach drüber und lässt alles ins Loch plumpsen. Weiß nicht, ob das jetzt wirklich besser ist.

Das mit der Dusche vorhin war übrigens kein Witz. Ich verstehe gar nicht, weshalb man nicht in die Dusche pinkeln sollte. Das spart ja auch aufs Jahr gesehen viel Wasser, weil man weniger oft die Klospülung betätigen muss. Einmal stand ich aber so übermüdet vor der Dusche, dass ich schon vor der Dusche losgepinkelt habe. So sehr ist das schon ein Automatismus bei mir.

So, und jetzt kommt zum Schluss noch meine Top-Pinkel-Anekdote:

Ich war 15 Jahre alt, als ich meinen ersten richtigen Freund hatte. Er lebte mit seiner Familie in einer echt kleinen Wohnung, und das einzige Klo war eine Mini-Gästetoilette.

Als ich ihn also zum ersten Mal zu Hause besuchen durfte, musste ich dringend strullern. Die Toilette hatte innen so eine Plattform, auf der du die Wurst noch verabschieden kannst, bevor du sie runterspülst. Im Fachjargon nennt sich das Kaskadentoilette. Die ganze Familie stand noch im Flur und kriegte somit mit, dass ich mal für kleine Mädchen musste. Und ich musste SO DRINGEND PIESELN, Alter!

Ich setzte mich also aufs Klo und merkte, dass mein Strahl

derbe laut wird. Ich sage euch, wie es ist: Im Alter von 15 kannst du mit so einer Situation nicht umgehen. Ende.

Was mache ich Horst also? Ich halte meine Hand unter den Pissstrahl, damit er nicht so laut ist. Meine ganze Hand sammelte sich in Windeseile mit Urin. So schnell konnte ich die Hand gar nicht wieder öffnen, und alles schwappte über die Klobrille.

Vor der Toilette lag ein hellblauer Läufer. So einer, der sich um die Toilette schmiegt. Mein ganzes Pipi landete also auf diesem plüschigen Vorleger.

Ich war einfach nur überfordert mit der Situation und dachte, ich muss sofort hier raus! Aber was hätte ich tun sollen? Not macht erfinderisch: Ich stand also auf, ging zum Wasserhahn, stellte ihn an und setzte mit Absicht das halbe Bad unter Wasser, indem ich meine Hände unter den Wasserhahn hielt. Mich selbst spritzte ich natürlich auch dabei nass.

Kurze Zeit später trat ich wieder vor die versammelte Mannschaft und meinte, dass der Wasserhahn gerade explodiert sei. Wow!

Da braucht mir echt keiner erzählen, dass es geil ist, 15 Jahre alt zu sein.

Von diesem Standpunkt aus betrachtet, bin ich heute ein ganzes Stück weiter. Aber noch immer nicht da, wo ich gerne sein würde. Zum Glück habe ich noch ein paar Jahrzehnte Zeit, die Scham endgültig abzulegen.

Kapitel 15

FAKE IT TILL YOU MAKE IT

Ich habe euch ja erzählt, dass ich als Jugendliche im Krankenhaus angefangen und als Krankenpflegehelferin gearbeitet
habe, später war ich dann im Altenheim in der Pflege. Ich bin
nicht besonders zart besaitet und kann auch echt etwas ab.
Trotzdem bin ich da jeden Tag heulend rein- und auch wieder
rausgegangen.

Ich habe diese Zustände in dem Altenheim einfach nicht ertragen und gespürt, dass ich nichts daran ändern kann. Wirklich, es war unterirdisch, wie dort mit den Leuten umgegan-
gen wurde.

Irgendwann nahm mich mein Vater zur Seite und sagte:
»Evelyn, du verdienst so wenig Geld in dem Beruf. Willst du
das wirklich dein Leben lang machen?«

Da habe ich zum ersten Mal ernsthaft darüber nachgedacht,
wie es für mich weitergehen soll. Mit 17 Jahren hast du einfach keinen Plan, wie das Leben schmeckt. Oder wie es ist,
sich bis zur Rente von jemandem herumkommandieren zu
lassen. Und dabei auch noch schlecht bezahlt zu werden – das
setzt dem Ganzen ja noch die Krone auf.

Ganz ehrlich, Leute, es kotzt mich extrem an, dass die Menschen in der Pflege nicht ordentlich bezahlt werden. Neulich ist es mir wieder aufgefallen, als ich mit meiner Babytochter ein paar Tage im Krankenhaus verbringen musste. Das Pflegepersonal dort macht einen so krass wichtigen Job. Wir alle wollen doch, wenn es uns dreckig geht, wenn wir krank und verletzt sind, gut und idealerweise auch kompetent und warmherzig behandelt werden.

Dazu braucht es genügend Ärzte, Ärztinnen, Krankenschwestern und Pfleger in den Kliniken. Die Leute müssen sich ja auch mal ausruhen, um am nächsten Tag wieder frisch die Patientinnen und Patienten versorgen zu können. Wenn die also immer unterbesetzt sind, geht die Rechnung einfach nicht auf.

Meiner Meinung nach müsste man ihnen doch schon aus Prinzip gutes Geld zahlen, damit gute Leute dazu motiviert werden, in die Pflege zu gehen und sich nicht in eine Anwaltskanzlei zu hocken.

Manchmal wünsche ich mir, dass das Pflegepersonal sagen würde: »Wisst ihr was? Wir hören morgen auf zu arbeiten. Jetzt guckt, wer die Scheiße wegräumt, ihr Arschgeigen.« Passiert natürlich nicht, weil das Pflichtgefühl der Leute den Patientinnen und Patienten gegenüber viel zu groß ist.

Und genau darauf bauen die Bosse wahrscheinlich. Ich finde das wahnsinnig ungerecht.

Jedenfalls: Hätte mein Vater meine Jobsituation und die miese Bezahlung nicht angesprochen, würde ich das wahrscheinlich heute noch machen. Von selbst wäre ich damals nie auf die Idee gekommen, dass ich ein Talent fürs Moderieren oder Singen habe.

Nach unserem Gespräch machte ich mir ein paar Gedanken und achtete mehr darauf, wie ich meinen Alltag in der Pflege eigentlich finde. In der Zeit schaute ein Freund meines Vaters bei uns vorbei, als ich am Wochenende auch gerade zu Hause bei meinen Eltern war. Ihr müsst wissen: Mein Vater ist selbstständiger Komponist und hängt deshalb viel mit anderen Musikern herum. Gervin, der Freund meines Vaters, ist einer von ihnen, ein begnadeter Schlagzeuger.

Er sagte zu mir: »Evelyn, ich habe dich mal singen hören. Du hast so eine geile Stimme. Mach doch was mit ihr!«

Ich so: »Häh?!«

Das ist wirklich die Ironie meines Lebens: Ich habe fast 20 Jahre meines Daseins nicht richtig verstanden, worin mein großes Talent liegt. Wie verpeilt ist das bitte?! Und das, obwohl mein Vater Musiker ist.

Als ich sechs Jahre alt war, hat Papa ein Lied für Kinder mit Epilepsie geschrieben, es hieß »Prinzessin Epilepsia«. Diesen Song habe ich im Tonstudio eingesungen. Und trotzdem war mir sehr lange nicht klar, dass ich eine gute Stimme habe – dabei ist Singen das, was ich wirklich am besten kann. Bis dahin hatte ich immer nur mit meinen Getto-Girls auf der Straße gerappt. Wir hatten ein paar Songs, die wir zum Besten gaben, aber ich blöde Nuss habe natürlich nicht verstanden, dass sich das echt gut anhört.

Gervin, dieser Freund meines Papas, war Dozent an einer Musikhochschule und meinte: »Mensch, Evelyn, komm zu uns und studiere Musik.«

Meine prompte Antwort lautete: »Aber ich habe doch kein Abitur!«

Gervin sagte dann, wenn ich die Aufnahmeprüfung bestünde, würde das keine Rolle spielen und ich könnte Musik studieren.

STUDIEREN, Freunde. Ich!

Dieses Gespräch mit Gervin war mein Life Changer. Es musste jemand anderes kommen, der mir klarmachte, was ich gut kann und welche Perspektiven ich habe. Das ist ziemlich irre, aber so läuft es im Leben manchmal.

Würden wir alle viel mehr das tun, was wir gut können und was uns Freude bereitet, wäre diese Welt ein besserer Ort.

Weil es einfach viel weniger frustrierte Menschen gäbe, die tagein, tagaus in einer verstaubten Stadtverwaltung hocken und irgendwelche Akten sortieren. Aber das ist ein anderes Thema.

Was meint ihr, was dann passiert ist?

Zum ersten Mal habe ich mein Leben so richtig in die Hand genommen und mich ein Jahr lang auf diese Aufnahmeprüfung vorbereitet. Und am Ende habe ich doch das allermeiste improvisieren müssen.

Ich will euch nicht mit Details aus der Musikhochschule langweilen, da ging es eben um Gehörbildung, Noten lesen, Noten schreiben und so etwas. Bei der Aufnahmeprüfung schob mir ein Typ sein Blatt rüber, damit ich abschreiben konnte. Der hatte mich durchschaut, wahrscheinlich tat ich ihm leid. Hey, namenloser Typ, wenn du das hier liest: DANKE!

Ich glaube, die Leute von der Schule dachten, dass ich es übelst draufhabe und die Noten auch perfekt lesen kann. Wenn die wüssten …

Irgendwann kam die Nachricht, dass ich auf der Warteliste stand. Ich konnte mein Glück kaum fassen. Denn wenn ich ehrlich bin, war ich damals ganz schön verloren. In der Pflege hatte ich aufgehört, die Musikhochschule war also meine einzige Zukunftsoption.

Meine Mutter war fest davon überzeugt, dass es klappen würde. Sie sagte: »Evelyn, mein Kind. Ich sehe dich in diesem Gebäude Musik studieren.« Ey, die Frau ist ein Medium, eine Hexe! Eine Woche später rufen die mich an und sagen, dass einer abgesprungen ist. Das war mein Segen. Ich hatte einen Platz ergattert. Wow!

Fakt aber war, dass ich mich reingemogelt hatte in die Musikhochschule, denn so richtig viel hatte mein Jahr Vorbereitung nicht gebracht.

Und so lief es dann auch weiter: Sehr oft habe ich nur Bahnhof verstanden. Ich tat mich in all der Zeit mit dem ganzen Theoriekram sauschwer. Bis heute kann ich keine Noten lesen. Aber weil ich ein sehr gutes Gehör habe, konnte ich bei Prüfungen alles aus dem Kopf spielen und tat die ganze Zeit nur so, als würde ich die Noten lesen.

Im Leben kommt es halt doch ganz oft darauf an, sich gut verkaufen zu können. Es gibt diesen englischen Aphorismus »Fake it till you make it«. Ich habe einfach so getan, als wäre ich mega-kompetent, richtig selbstbewusst und wüsste genau, von was ich spreche.

Vielleicht gehört eine Prise Kaltschnäuzigkeit dazu und

sicher auch ein wenig Schauspieltalent, um das durchziehen zu können. Aber die Leute nahmen es mir ab.

Ich habe also tatsächlich zwei Jahre lang Musik studiert. Offiziell bin ich staatlich geprüfte Leiterin für Popularmusik und Chorleiterin. Das hättet ihr jetzt nicht für möglich gehalten, oder?

Ich finde, mein Beispiel zeigt sehr gut, dass alles möglich ist im Leben. Auch wenn ihr es euch selbst nicht zutraut oder meilenweit davon entfernt seid, auf die zündende Idee zu kommen:

> **Seid offen dafür, dass jemand anderes kommt, der euer inneres Feuer entfacht oder euer Talent, eure Bestimmung erkennt.**

Das Schöne ist, dass es da draußen Leute gibt, die an euch glauben. Ihr müsst es nur zulassen. Ich finde, es ist ein verdammt schöner Gedanke, dass wir unser Leben jederzeit ändern können. Wir müssen nicht 40 Jahre lang beruflich dasselbe machen. Die Zeiten sind auch vorbei, in denen man keine Lücke im Lebenslauf haben darf. Eine Auszeit ist voll okay, eine Kehrtwende geht immer, ein Quereinstieg auch.

Ich meine, man darf das alles auch nicht so bierernst nehmen. Wenn ihr meint, mit Mitte 40 noch mal Psychologie studieren zu wollen, so what?! Dann setzt ihr euch eben mit einer gehörigen Portion Selbstironie mit den ganzen 20-Jährigen in die Vorlesung und freut euch des Lebens, dass so etwas möglich ist und ihr ganz viel Lebenserfahrung als Vorsprung habt.

Oder wenn ihr meint, ihr müsst euch mit einer verrückten Idee selbstständig machen. Versucht es, verdammt noch mal!

Das Leben ist doch zu kurz, um in einem grauen Büro zu versauern.

Schaut mal, ich bin von der Schule geflogen, war Krankenpflegehelferin, arbeitete im Altenheim. Um dann alles auf eine Karte zu setzen. Wenn ich sehe, wo ich heute stehe, das ist schon der Wahnsinn. Ich habe ein Buch geschrieben! Lasst euch vom Leben überraschen, und vergesst nie:

Mut tut gut.

Kapitel 16

SELBSTFÜRSORGE FTW

Hand aufs Herz, wer kennt sie nicht, diese fiesen Tage, an denen man sich einfach nur scheiße fühlt? Wir alle hassen diese Momente, in denen wir den Blick in den Spiegel nicht ertragen können. Und ja, manchmal bin auch ich verzweifelt, weil ich dann einfach nicht weiß, wie ich meine Laune besser hexen soll.

Daran müssen wir aber nicht verzweifeln. Ich habe einen absolut zuverlässigen Tipp für euch, wie es euch an fiesen Tagen schnell wieder besser geht. Mit Selbstfürsorge. Oder ein bisschen cooler: Selfcare.

Ich bin fest davon überzeugt, dass wir uns ganz besonders dann nicht leiden können, wenn wir eine Zeit lang vergessen haben, uns um uns selbst zu kümmern. Was auch schnell passieren kann, keine Frage. Der Job, der Partner, die Eltern, die Wohnung, die Wäsche, vielleicht habt ihr Kinder. Irgendwas ist immer los, ständig gibt es etwas zu erledigen oder zu planen. Da knapsen wir als Allererstes bei uns selbst Zeit ab, um alles andere zu schaffen. Und irgendwann stehen wir vor dem Spiegel und können uns selbst nicht mehr leiden.

Also, was tun? Wie findet ihr heraus, was euch guttut?

Es war meine Schwester, die mich auf den richtigen Weg brachte. Und zwar an genau so einem Tag, an dem ich mich selbst nicht ausstehen konnte. Auch mit so etwas halte ich nicht lange hinterm Berg und erzählte prompt meiner Schwester am Telefon, wie beschissen es mir geht. Und wie kacke ich generell bin.

Carolyn sagte: »Hast du eigentlich bemerkt, dass du dir in letzter Zeit nicht sonderlich viel Mühe mit dir selbst gegeben hast?«

Bääähm, das saß!

Erst wollte ich lauthals protestieren, doch sie ließ sich nicht von mir unterbrechen.

»Mach dich doch mal wieder richtig schön – nur für dich«, schlug Carolyn vor.

Ey, ganz ehrlich: Wenn man für eine Sache im Leben eine Schwester braucht, dann ja wohl für solche Geistesblitze. Sie kennt mich manchmal besser als ich mich selbst. Sogar aus der Distanz kann sie treffsicher sagen, was bei mir gerade los ist.

Was soll ich euch sagen? Meine Schwester hatte so was von recht. Ich musste mir dringend selbst eingestehen, dass ich mich hatte gehen lassen.

Die Wahrheit ist doch: Wir müssen uns um uns selbst kümmern. Es ist wie bei einer Pflanze. Wenn du sie nicht gießt, geht sie allmählich ein.

Und erst recht an den Tagen, an denen man sich scheiße fühlt, muss man sich Mühe mit sich selbst geben. Es kostet natürlich Überwindung, aktiv etwas gegen die dunklen Wolken in einem selbst zu tun – aber es lohnt sich so sehr.

Wie das konkret geht, muss jede von uns für sich selbst herausfinden. Die eine joggt vielleicht durch den Park, die andere meditiert oder kocht sich was richtig Leckeres oder aber braucht Zeit alleine in der Jogginghose auf dem Sofa. Wieder andere ziehen sich mal wieder schick an oder sprühen sich ihr Lieblingsparfüm auf. Bei manchen soll eine Runde Sauna helfen.

Und wenn es mir richtig mies geht?

DANN MACHE ICH MIR DIE HAARE SCHÖN!

Kein Witz.

So geht Selbstfürsorge à la Evelyn.

Ihr denkt jetzt vielleicht, das sei ein bisschen oberflächlich? Mir doch egal. Sich föhnen, um den inneren Frieden zu finden. Und bei mir sind es eben die Haare, die genau das auslösen.

Mittlerweile ist das zu einem richtig festen Ritual geworden. Erst wasche ich mir die Haare, dann föhne ich sie sorgfältig. Und weil ich nichts mehr hasse als platte Haare, bringe ich richtig Volumen rein. Ich toupiere sie mit viel Haarspray auf, das volle Programm. Zum Abschluss kommt mein Lockenstab an die Reihe. Für dieses Programm würde mir selbst Olivia Jones Respekt zollen.

Jahaa, Leute, in Sachen Haarstyling könnt ihr von mir noch was lernen! So zeitaufwendig, wie es klingt, ist das ganze Prozedere aber zum Glück nicht. Ich kann mittlerweile jeden dieser Arbeitsschritte im Schlaf abrufen. Nach zehn Minuten habe ich also meine Mähne mit der Lizenz für gute Laune.

Schminken und Frisieren war einfach schon immer meine Leidenschaft – und übrigens auch die meiner Schwester. Ich durfte meiner Schwester deshalb auch die Haare für ihren Abiball machen.

Eine richtig fette Hochsteckfrisur. Im Nachhinein ist das echt lustig, weil Carolyn aussah wie eine 40-jährige Opernsängerin aus St. Petersburg. Aber für diesen Abend war es perfekt. Sie bekam auf dem Ball auch viele Komplimente für ihre Frisur. Das hat mich schon stolz gemacht.

Nach diesem Erfolg auf dem Abiball dachten wir, wir könnten das auf ihrer Hochzeit wiederholen. Das Problem aber ist, dass die meisten Bräute ab einem gewissen Punkt einfach nur durchdrehen.

Ich hatte den perfekten Plan für ihre Haare und auch das Make-up im Kopf und wollte mich da keinesfalls von meinem Weg abbringen lassen. Carolyn ist aber eine Perfektionistin. Von der Tischdeko bis zur Frisur, alles musste perfekt sein. Carolyn konnte sich also auf keine meiner geilen Kreationen einlassen.

Wir haben uns gestritten wie fast noch nie. Zum Glück war das bei der Probe ein paar Wochen vor der eigentlichen Hochzeit. Ich habe aufgegeben, und Carolyn hat eine professionelle Haare/Make-up-Stylistin gebucht für ihren großen Tag. Das war definitiv besser so.

Ihr seht: Schminken ist für mich ein großes Thema. Ich liebe es so sehr, dass ich mir wahnsinnig gerne Schminkvideos auf Instagram und YouTube anschaue. Und Leuten dabei zuzusehen, wie sie sich die Haare machen, finde ich auch grandios. Das ist wie Meditation für mich, ich könnte mir solche Videos stundenlang reinziehen. Ich muss sogar aufpassen, dass ich wieder wegkomme von meinem Handy. Ich scrolle mich nämlich ewig durch Beauty-Videos, und dann kommt das nächste und übernächste und so weiter.

Bei den Fingernägeln geht das weiter. Wenn ich mir meine Nägel in einem Nagelstudio mal so richtig schön machen lasse, freue ich mich wie eine Schneekönigin. Echt, ich wache morgens auf und flippe aus, dass ich so schöne Fingernägel habe. Ich liebe das so krass! Ich weiß nicht, was mit uns Frauen da los ist, es ist schon irgendwie komisch. Es sind ja nur MOTHERFUCKING FINGERNÄGEL!

Manchmal fragt mich mein Mann, warum ich mich schminke, obwohl ich heute gar nichts Besonderes vorhabe. Ich antworte ihm, dass ich mich so schöner fühle und dann auch automatisch bessere Laune habe. Mehr will er gar nicht wissen.

Zum einen fühle ich mich einfach schöner, wenn meine Haare nicht fettig und platt von der Birne hängen. Es geht also schon auch um das Ergebnis, klar. Zum anderen liebe ich einfach den Prozess. Jeder einzelne Schritt bereitet mir großen Spaß. Und im Bad mit mir selbst ein bisschen Zeit zu verbringen ist eben auch sehr geil. Wenn ich nett zu mir selbst bin, mag ich mich einfach so viel mehr. Und diese Nettigkeit beginnt bei mir eben bei den Haaren. Was absolut nicht für jede Frau zutreffen muss. Ich spreche da ja nur von mir. Es soll Leute geben, die es hassen, sich selbst zu föhnen. Auch okay.

Wenn ich richtig in Fahrt bin, mache ich mir auch noch mein Gesicht richtig schön, und zwar mit Contouring. Wisst ihr nicht, was das ist, ihr Beauty-Profis? Ich erkläre es euch: Bei Contouring geht es darum, das Gesicht zu definieren. Also manche Partien mehr und andere weniger zu betonen. Und weil ich von Natur aus richtig schlechte dünne Augenbrauen habe, gebe ich mir mit dieser Partie meines Gesichts ganz besonders viel Mühe.

Als ich jünger war, habe ich es richtig übertrieben mit dem Schminken, ich sah manchmal aus wie der Gettoclown aus dem Zirkus Krone, so zugekleistert war ich. Als Alex und ich uns kennengelernt haben, hing jedes Mal nach dem Knutschen mein halbes Gesicht in seinem.

Das viele Make-up hatte damals aber andere Gründe – und die hatten mit Selbstfürsorge nichts am Hut.

Da ging es eher um meine Unsicherheit.

Was natürlich heute betrachtet vollkommener Quatsch ist. Aber was will man machen, wenn man sich eben unsicher fühlt und meint, dass das mit viel Schminke zu kompensieren sei? Heute bin ich da wesentlich dezenter unterwegs. Aber ein bisschen Rouge und die Augenbrauen nachziehen – und vielleicht noch einen geilen Lippenstift, das finde ich schon richtig nice. Mehr braucht es gar nicht, damit ich mich schön fühle.

Jedenfalls weiß ich noch genau, was ich nach dem Telefonat mit meiner Schwester gemacht habe: duschen gehen, Haare schön herrichten und in Ruhe schminken. Es war wie ein Wunder: Ich fühlte mich auf einmal so viel geiler. Vom Häuflein Elend zur allerbesten Ich-könnte-die-Welt-umarmen-Evelyn-Laune.

Ich weiß, das klingt nach einer doofen Phrase, aber es ist wirklich etwas dran: Behandelt euch wie eine gute Freundin – am besten täglich. Sorgt für euch selbst. Kauft euch Blumen oder einen leckeren Kaffee. Setzt euch alleine hin und gönnt euch 20 Minuten Me-Time. Geht zur Massage oder zur Maniküre (liebe ich!). Ruft eine Freundin an, mit der ihr die Gespräche total genießen könnt und die euch Kraft gibt. Kauft euch die geile Tasche, die eigentlich zu teuer ist. Es ist Fakt, dass es billiger kommt, wenn ihr euch gleich die sauteure Handtasche kauft, die ihr so gerne haben möchtet, anstatt euch als Trost mehrmals eine preiswerte Tasche zu holen, die nicht so richtig das Gelbe vom Ei ist.

Also gönnt euch was! Seid großzügig zu euch selbst!

Denn die Selbstfürsorge führt mit ein wenig Übung – davon bin ich überzeugt – zur Selbstliebe. Und von der können wir alle wirklich etwas gebrauchen.

PS: Es ist natürlich vollkommen okay, wenn ihr einfach mal deprimiert und im verdreckten Hoodie auf dem Sofa rumlungern wollt. Das soll hier keine Anleitung zur Selbstoptimierung sein. Wenn ihr müde seid und die Welt draußen bleiben soll, dann lebt das auch aus und zwingt euch zu nichts.

Ich kann und möchte nur für mich sprechen: Spätestens nach ein paar Tagen spüre ich, dass mir das Herumlungern zu Hause nicht guttut. Und dann muss ich wieder meinen Arsch hochkriegen, mich motivieren und etwas für mich tun. Ihr versteht mich schon richtig, oder?

Kapitel 17

DER DUMME VOGEL

So, jetzt mal hier etwas Grundsätzliches, weil ich mich gleich ziemlich auskotzen werde: Mein Mann Alex und ich sind ein Superteam, das waren wir auch schon vor den Kindern. Sonst hätten wir das Abenteuer ja gar nicht miteinander gewagt.

Wir sind beide krass reflektiert und lieben einander abgöttisch.

Und auch wenn sich das möglicherweise gleich so anhören könnte: Es ist nicht alles scheiße.

Das Leben mit zwei kleinen Kindern ist nur gerade sau-anstrengend.

Ja, es ist das Schönste der Welt, die beiden Mäuse aufwachsen zu sehen. Aber dieses Familiending ist neu und manchmal auch fremd für uns, deshalb kommen wir an unsere Grenzen. Gerade zum Beispiel ist es einfach nur crazy.

Vor unseren Kindern war es so, dass Alex und ich eines dieser coolen Paare waren. Ehrlich gesagt war ich immer der Meinung, dass wir die Ultracoolsten überhaupt sind. So ein sexy Künstler-Couple halt. Er ist Orchestermusiker, sein Instrument ist die Trompete. Tagsüber hat er seine Proben und abends seine Konzerte. Ich bin die unabhängige, lustige Entertainerin.

Wir konnten spontan sein, in den Tag hineinleben. Wir waren easy und witzig.

Und nun?

Heute sagen wir Sätze zueinander wie:

»Lilly muss heute pünktlich Mittagsschlaf machen. Legst du sie gleich in den Kinderwagen und gehst mit ihr an die frische Luft? Hast du beim Kinderarzt angerufen wegen der nächsten Vorsorgeuntersuchung? Sind frische Äpfelchen in der Vesper-Dose?«

Das klingt so gar nicht mehr nach einem spontanen Tagesablauf – und eines kann ich euch sagen: Das ist es auch nicht!

Wer sich fürs Kinderkriegen entscheidet, kann sich von Selbstbestimmtheit und Spontaneität gleich mal verabschieden. Die kleinen Scheißer brauchen nämlich Struktur.

Bei solchen Elternsätzen wird dir schlagartig klar, dass du überhaupt nicht mehr cool bist. Ich würde nicht sagen, dass man sich dann gleich zu den Spießern zählen muss, aber man führt mit seinem Partner eben exakt die gleichen Diskussionen wie alle anderen auch.

Klar dachten wir früher, wir stehen über all dem. WIR lassen uns doch von einem Kind nicht diktieren, wann wir nach Hause zu gehen haben oder wie früh wir morgens aus den Federn kommen. Heute kann ich darüber nur müde lächeln. Kinder machen einem unmissverständlich klar, wie der Hase läuft. Nämlich nach ihrem Gusto. Ansonsten wird es schnell unangenehm, vor allem in puncto Lautstärke. Die Kleinen haben eine Art eingebautes Megafon.

Ich denke, alle Eltern kommen irgendwann an den gleichen Punkt: Sie realisieren, dass das Leben nicht mehr ist wie vor dem Kind. Und dass es locker 15 Jahre dauern wird, bis man selbst wieder die Hauptrolle im eigenen Leben spielt.

Bei Alex und mir hat es ein wenig Zeit gebraucht, bis wir uns eingestehen konnten, dass das jetzt unser neues daily business ist. Dass es jetzt nicht mehr easypeasy ist. Vorbei die Zeiten, in denen wir in den Tag hineinleben und spontan um elf Uhr brunchen gehen konnten.

Das kommt mir alles vor wie aus einem früheren Leben.

Ja, und ich sag es euch ehrlich: Es ist schmerzhaft, dass diese Autonomie flöten gegangen ist.

Eigentlich bereitet einen so eine Schwangerschaft schon ganz gut auf dieses neue Leben vor. Zumindest bei der Frau ist es so. Männer haben körperlich ja recht wenig bis gar nichts mit dem Entstehungsprozess eines neuen Menschleins zu tun. Mit der Zeugung ist ihr Job getan. Ein Unding, aber bei wem soll ich mich beschweren?!

Gerade in der Spätschwangerschaft habe ich mich häufig wie der dumme Vogel gefühlt, der zu Hause das Kind ausbrütet.

Mein Leben lang konnte ich machen, was ich will.

Ich war gesund, fühlte mich sexy, war völlig autonom.

Mal eben um die Häuser ziehen, die Nacht zum Tag machen? Kein Ding!

Als Schwangere fühlte ich mich zum ersten Mal gehandicapt, weil mein Körper so schwer und aufgedunsen war und es sich einfach nicht richtig anfühlte, abends in einer Bar zu hocken und Limonade zu trinken, wenn man doch kaum noch vom Sofa hochkommt und bei jeder Treppenstufe das Schnaufen anfängt.

Bevor das Leben mit Kindern überhaupt richtig losgeht, bist du als Frau also schon mittendrin.

Was ich an der Schwangerschaft besonders Hardcore finde, sind die Hormonumstellungen. Und Hormone, das wissen wir alle, können richtige kleine Wichser sein (es gibt auch tolle Hormone, keine Frage. Aber manche machen dich auch einfach nur fertig oder lassen dich den halben Tag lang flennen).

Wenn mein Mann Alex abends weggegangen ist und ich zu Hause bleiben wollte, weil ich mich mit meinen dicken Beinen nur noch ablegen musste, ging manchmal mein Kopfkino mit mir durch. Ich habe mir da so krass dumme Gedanken gemacht – das darf ich hier eigentlich gar nicht aufschreiben. Aber ich mache es trotzdem, weil ich denke, dass es ganz vielen so geht, aber keine gerne drüber redet, weil sie nicht will, dass man denken könnte, sie sei ein Psycho.

Ihr müsst wissen: Alex geht wirklich nicht oft weg. Und wenn, dann mit seinen Musiker-Freunden. Wirklich völlig harmlos und kein Grund, zu Hause an die Decke zu gehen. Als ich aber schwanger war, wurde ich immer unruhiger, wenn mein Mann bis ein Uhr in der Nacht nicht wieder zu Hause aufgetaucht war.

Ich dachte: »Was treibt der sich denn noch draußen herum, es ist doch schon nach Mitternacht! Die hocken doch jetzt seit 19 Uhr zusammen, wie lang kann man denn in der Kneipe sitzen und Bierchen trinken?«

Einmal stand ich wie ein Freak zwei Stunden lang am Fenster und habe rausgegeiert, wann er nun endlich um die Ecke biegt. Ciao, Evelyn, du Psychoweib! Ich habe dann auch ganz bescheuerte Fantasien, während ich wie ein Walross hochschwanger im Bett liege, und male mir aus, wie die Situation gerade aussehen könnte:

Da tänzelt dann vor meinem inneren Auge so eine hippe Barkeeperin in ihren High-Waist-Jeans und einem kurzen T-Shirt. Am besten noch ohne BH mit den perfekten Tittchen. Total witzig und lässig drauf, living la vida loca! Und NATÜRLICH flirtet die meinen Alex an und gibt ihm einen Drink aus und beugt sich ein bisschen heiß über die Theke zu ihm rüber. Während ich zu Hause wie eine trächtige Sau mit dicken Zitzen liege und auf die Niederkunft warte, spreaded Alex seinen Charme in irgendeiner Berliner Bar.

Das ist natürlich völliger Bullshit, aber solche absurden Gedanken hat man als Schwangere eben mal. Denn wie gesagt, ich kann gerade nicht locker-lässig in der Bar sitzen und mir einen Whiskey Sour reinknallen.

Leute, ganz ehrlich, das fand ich in diesen Momenten einfach nur scheiße. Ich bin das besetzte Haus mit angeschwollenen Füßen, und der Vater des ungeborenen Kindes sieht blendend aus wie immer und zieht mit seinen Jungs los.

Wenn Alex später endlich zur Wohnungstür reingestolpert kam, war ich schon richtig in Stimmung. Also stinksauer. Alex wusste natürlich keinen Meter, wie ihm geschieht, denn er hatte ja nichts falsch gemacht. Ich hatte mich aber leider nicht im Griff und beschimpfte ihn böse, wo er sich so spät rumtreiben und wie er dazu kommen würde, seine schwangere Frau hier alleine zurückzulassen.

Wohlgemerkt hatte ich ihm vorher natürlich »erlaubt« auszugehen und war auch noch übertrieben cool und lässig dabei. »Klar, geh raus, und hab Spaß. Leb dein Leben, Baby!« Aber was interessiert mich mein Geschwätz von heute Nachmittag?

Hinterher habe ich meinen Ausraster jedenfalls bitterlich bereut, weil ich meinem Alex seinen schönen Abend kaputt gemacht habe.

Das ist die Widersprüchlichkeit einer schwangeren Frau: Du willst unbedingt die lässige Alte sein, die ihrem Kerl einen schönen Abend wünscht. Und dann nervt es dich doch, dass du nicht mehr so kannst wie früher, und springst zu Hause innerlich im Dreieck.

Ich möchte hier jetzt noch einmal schwarz auf weiß festhalten, dass mir zu jedem Zeitpunkt klar war, dass Alex nichts Verbotenes tun würde. Aber wenn du in so einem crazy Schwangerschaftshormonrausch bist, kommt dir auf einmal nichts mehr unmöglich vor. Das waren jedenfalls die Momente, in denen ich voll nicht in meiner Mitte war. Man fühlt sich auf eine merkwürdige Art und Weise benachteiligt und vom Leben ausgeschlossen – obwohl man paradoxerweise Leben in sich trägt.

Also wenn Hollywood anruft und eine Frau sucht, die ihre Emotionen im Griff hat – mich würden sie nicht fragen, so viel ist sicher. Es fällt mir schon im Normalzustand schwer, mich im Zaum zu halten. Aber als Schwangere ist es mir geradezu unmöglich, mich unter Kontrolle zu halten.

Ja, Kinder verändern alles. Das ist ja keine neue Erkenntnis. Aber dass sich die Partnerschaft auch so mitverändert, finde ich schon bemerkenswert.

Das ist noch immer alles total neu für mich, das gebe ich offen zu. Und ich glaube, damit hätte ich in diesem Ausmaß auch nicht gerechnet.

Alex und ich sind halt nicht mehr nur er und ich, ein Liebespaar. Sondern wir beide sind jetzt eine Versorgungsgemeinschaft mit Verantwortung, wir sind jetzt die Gang-Leader mit allem Drum und Dran.

Da gilt es, den Kindern drei bis vier Mahlzeiten am Tag zu servieren.

Sie brauchen eine kindersichere Bude, frische Luft und Obst.

Und ständig hat jemand Scheiße unterm Fingernagel!

Wir diskutieren, wie wir den Tag aufteilen mit Kindern und Arbeit. Wer bekommt wann wie viel Zeit, wer muss was wann erledigen?

Es ist derbe schwer, sich das alles einzuteilen mit zwei Kindern und gleichzeitig zu versuchen, fair miteinander zu bleiben. Oft gelingt uns das supergut. Aber wenn dann die Kita ausfällt oder ein Kind krank ist, fällt auch unser Kartenhaus in sich zusammen, weil unser Plan nicht mehr aufgeht.

Ich bin nur heilfroh, dass wir beide genügend Humor haben. Anders überlebt man das doch nicht!

Stellt euch mal vor, ihr hättet zwei kleine Kinder und dann auch noch einen Kerl, der nicht über sich selbst lachen kann. Hölle.

Dazu kommt, dass ich häufig mit irgendeiner hässlichen, ausgeleierten Buxe durch die Wohnung laufe, am besten hängt noch eine Titte raus, weil ich manchmal nicht dazu komme, mich ordentlich anzuziehen. In so einem Zustand mit dem Partner Konflikte auszutragen ist irgendwie nicht ideal.

Ja, was mich am Muttersein am meisten irritiert, ist tatsächlich das neue Streiten. Wenn ich mich mit Alex zoffe, bin ich eine Dramaqueen in Perfektion. Früher bin ich bei heftigen Streitereien aus der Wohnung gerannt, habe die Tür knallen lassen – und natürlich gehofft, dass er mir hinterhergelaufen kommt.

Mit zwei Kindern kannst du natürlich nach wie vor wütend aus dem Haus rennen. Aber dann stehst du alleine wutschnaubend auf der Straße, und keiner kommt dir mehr hinterher. Denn die Kinder kann man ja schlecht alleine zu Hause lassen, während sich die Eltern theatralisch auf dem Bürgersteig versöhnen.

Wenn also eines definitiv vorbei ist, dann sind das die Machtspielchen mit deinem Kerl. Du kannst dir auch nicht mehr einen Whiskey aufmachen und eine Schachtel Zigaretten rauchen, damit die Wut wieder verfliegt. Vor allem nicht, wenn du stillst.

Das Wohl der kleinen Mäuse geht vor. Immer. Das muss man sich mal vorstellen: Du stehst so sehr in einer Abhängigkeit zu deinen Kindern, dass du noch nicht mal mehr so emotional streiten kannst wie früher. Jetzt gilt es, sich im Griff zu haben. Denn was soll der Vater tun, wenn du nach einem Zoff in der Kneipe sitzt und säufst, das Baby aber Hunger hat und nach der Brust verlangt? Als Stillende weißt du eben nie, wann das Baby das nächste Mal Milch braucht.

Ihr seht den Punkt, oder?

Du bist in einer crazy Art und Weise gefangen in der eigenen Wohnung. Früher ging es nur um mich. Heute dreht sich alles um die Kinder.

Und selbst wenn es mir richtig mies geht und ich vor Frust weinen muss, denke ich an die zwei kleinen Menschen, denen ich eine gute Mama sein will. Schließlich merken Kinder, wenn die Stimmung zu Hause schlecht ist.

Früher hatten Alex und ich auch supergerne Freunde bei uns zu Hause. Damit ist es jetzt auch erst mal vorbei. Du kannst mit kleinen Kindern eben nicht die Bude voll mit Leuten haben. Da drehen sie nämlich so richtig auf und denken nicht ans Schlafen. Am nächsten Morgen kriegst du dann die Quittung mit völlig übernächtigten Kindern, denen gar nichts recht ist.

Deshalb hänge ich momentan am liebsten mit Leuten ab, die auch Kinder haben. Da musst du dich nicht groß entschuldigen, wenn du 20 Minuten zu spät kommst. Alle wissen ja, was abgeht. Wir Eltern haben dieselben Themen, und das tut gerade echt gut.

Meine Freunde ohne Kinder sind beispielsweise völlig verdattert, wenn wir uns auf dem Spielplatz nicht in Ruhe auf eine Bank hocken, Kaffee trinken und quatschen können. Lilly ist gerade zwei geworden, der muss ich die ganze Zeit hinterherrennen. Also müssen meine Freunde wohl oder übel mit mir über den Spielplatz rennen, damit wir überhaupt drei zusammenhängende Sätze wechseln können. Hat natürlich nicht jeder Bock drauf, das verstehe ich auch.

Auf der anderen Seite ist es aber auch wichtig, ein paar Freunde ohne Kinder zu haben. Denn wenn mal wirklich etwas ist und wir dringend Hilfe brauchen, sind die Eltern um uns herum ja mit ihrem eigenen Nachwuchs zugange und können nicht mal eben schnell rüberkommen und mit anpacken. Und außerdem ist es echt wichtig, den Kontakt zur Außenwelt nicht zu verlieren und auch noch mitzubekommen, was außerhalb der »Eltern-Bubble« so abgeht.

Ich erzähle euch das alles deshalb so ehrlich, weil es mir selbst so krass guttut, wenn mir meine Freundinnen berichten, dass es bei ihnen zu Hause genauso zugeht und sie selbst am Struggeln sind.

Bei den meisten ist es doch so, jeder kommt an seine Grenzen. Das ist alles total normal in der ersten Zeit als Familie mit kleinen Kindern. Und ich bin verdammt dankbar, dass meine Freundinnen und Freunde klar und deutlich aussprechen, was Phase ist.

Für mich ist es ein echtes Highlight, wenn wir uns mit befreundeten Familien verabreden, im Wohnzimmer mit den Kleinen auf dem Teppich sitzen und uns gegenseitig erzählen, wie scheiße die eine oder andere Situation in dieser Woche wieder war und wie man als übernächtigter Zombie den Partner mitten in der Nacht angekackt hat.

Dann lachen wir gemeinsam darüber, wie abgefuckt wir gerade alle sind. Probiert es aus, danach fühlt ihr euch besser!

Alex und ich sind ein Superteam. Eigentlich die beste Voraussetzung, dass es mit so einem Familienleben klappt. Auf der anderen Seite fühlen wir uns beide – und das, was wir leisten – vom anderen manchmal nicht gesehen.

Diese Wertschätzung, die flöten geht, weil die Tage so voll sind mit

Spielplatz besuchen,

füttern,

trösten,

wickeln,

in den Schlaf wiegen,

Rotze wegwischen,

aufräumen,

Wäsche waschen,

kochen,

einkaufen

und so weiter. Und dann will man sich ja auch irgendwann mal die Zähne putzen. Jobs haben wir ja auch noch.

Vor allem an den Tagen, an denen die Kinder krank sind, kommen wir an unsere Grenzen. Und dann streiten wir uns auch, weil wir beide das Gefühl haben, nur noch zu rotieren.

Wenn ich mir vorstelle, dass manche Paare ein Kind als Beziehungsretter bekommen, finde ich das schon verdammt optimistisch. Wer da als happy family endet: Chapeau.

Denn eigentlich crasht so ein Kind ja erst mal die harmonischste Beziehung. Es ist in einer intakten Partnerschaft schon schwer genug, sich als Liebespaar nicht zu verlieren – zumindest für eine Weile.

Kinder stellen ein Paar auf die Probe. Du kannst noch so cool sein, es kommen viele krasse Situationen auf dich zu, die dich an deine Grenzen bringen. Und eigentlich hilft da nur eines:

Redet miteinander, Leute. Teilt eurem Mann, eurer Frau, eurem Partner oder eurer Partnerin eure Gefühle mit. Nur so könnt ihr aufeinander zugehen und verliert nicht die Connection zueinander.

Manchmal umarmen Alex und ich uns mitten am Tag für 30 Sekunden. Einfach so. Dann spüren wir uns wieder, und das tut total gut.

Aber manchmal fühle ich mich halt auch einfach nur wie ein

Horst und mache mir absurde Gedanken. Zum Beispiel geht mir dann durch den Kopf, wie es wäre, wenn Alex und ich irgendwann nicht mehr ein Paar wären.

Nicht, dass ich mir das vorstellen könnte. Aber ich glaube, diese Gedanken hat jede Frau mal. Dann denke ich mir: Wenn wir uns – warum auch immer – eines Tages trennen würden und ich müsste wieder daten.

Wieder von vorne anfangen. Tinder oder Bumble oder wie die nächste App dann heißt. Der Mann, mit dem ich mich dann einlasse, hat ja gar nichts damit zu tun, dass mein Körper nicht mehr so in Schuss ist wie früher. Er ist nicht der Vater meiner Kinder. Alex hat ja bei Schwangerschaft, Geburt und Stillzeit aktiv mitgemacht.

Jetzt datest du neu, und der Kerl hat zu deinem Busen gar keinen Bezug. Er hat dich nicht gesehen, wie du gestillt und dein Baby mit deinen Brüsten ernährt hast.

Und jetzt kommt mir nicht mit Rückbildungsgymnastik! Ihr könnt noch so oft euren Beckenboden anspannen: Die Möpse sind einfach gebeutelt vom Stillen, und da hilft auch keine Gymnastik.

Zurück zur Realität. Alex und ich sind – zum Glück und hoffentlich für immer! – ein Paar, regen wir uns mal wieder ab. Aber diese absurden Gedanken kommen eben manchmal. Ich schicke sie dann meistens weiter. Und ganz ehrlich: Mit zwei kleinen Kindern hat man meistens auch gar nicht die Hirnkapazität, sich bei einem Gedanken aufzuhalten, weil gleich wieder jemand etwas von dir braucht und du gefordert bist.

Und wisst ihr was? Alex ist mein Traummann. An den allermeisten Tagen finde ich, dass wir das ganz großartig hinkriegen mit dem neuen Familienwahnsinn. Wenn man in einer solchen Lebenssituation wie wir ist, vergisst man schnell, dass es eigentlich nur eine Momentaufnahme ist.

Die Kinder werden so schnell groß, das sehe ich bei meinen Freundinnen. Zack, da werden sie schon eingeschult, und ein paar Jahre später musst du sie nachts vor irgendeinem Klub einsammeln. Der Zeitraum, in dem sie dich so krass intensiv brauchen, ist recht überschaubar, wenn man mal das ganze Leben betrachtet.

Gerade habe ich das Gefühl, dass Lilly und Tilly für immer so klein sein werden, weil sich die Tage manchmal so lang und die Nächte so kurz anfühlen. Aber so wird es definitiv nicht für die nächsten zehn Jahre bleiben.

Deshalb versuche ich, ab und an innezuhalten und das Chaos zu genießen. Ich weiß jetzt schon, dass es mir sehr schwerfallen wird, wenn sie älter sind und flügge werden. Ich bin heute schon innerlich am Heulen, wenn ich mir vorstelle, wie meine beiden Babys irgendwann auf Klassenfahrt fahren oder eines Tages ausziehen werden.

Ich kann mir mein Leben ohne Kinder einfach nicht mehr vorstellen. Alex und ich sind total leidenschaftliche Eltern und finden es in den meisten Situationen zum Glück wunderschön, eine Familie zu sein.

Das Paradoxe am Muttersein ist aber: Du liebst dein neues Leben und vermisst dein altes gleichzeitig.

Und manchmal fühlst du dich einfach auch wie ein dummer Vogel, der abends alleine zu Hause hockt und auf den Mann wartet. Das ganze Geheimnis ist vielleicht, das alles nicht zu ernst zu nehmen und den Mann und die Kinder und dich selbst mit Liebe zu überschütten. Deshalb, Leute, umarmt euch. Haltet einander fest. 30 Sekunden und am besten noch viel länger.

Kapitel 18

LABERTASCHE UND GLOTZBERT

Könnt ihr euch noch daran erinnern, wie wild viele von uns früher auf Autogramme waren? Das Thema ist ja mittlerweile irgendwie komplett durch. Und meine Fans sind sowieso nicht so drauf. Deshalb ist es mir bisher auch nur wenige Male passiert, dass mich jemand tatsächlich um ein Autogramm gebeten hat.

Wenn es passiert, unterschreibe ich immer frei aus dem Arsch heraus. Ja, verdammt, ich habe nicht mal eine richtige Unterschrift – die sollte ich mir aber vielleicht mal aneignen?

Was früher Autogramme waren, sind heute die Selfies. Ich habe Lindsay Lohan mal auf einer Promiparty in London gefragt, ob sie mit mir ein Foto macht, sie schüttelte aber den Kopf. Weiß ich jetzt auch nicht, was ich dazu sagen soll.

Ich werde auch ab und zu angesprochen und um ein Selfie gebeten. Und ich kann euch sagen: Ich würde nie im Leben auf die Idee kommen, die Leute wegzuschicken. Ganz im Gegenteil! Solche Situationen sind immer mega-awkward für mich, denn ich frage mich ohne Scheiß jedes Mal, woher ich die Leute kenne. Vielleicht aus der Kita meiner Tochter oder aus der Schulzeit in Regensburg? Ich bin erst mal so perplex, dass ich nicht mal auf die Idee komme, dass die Leute mich wahrscheinlich von Instagram oder aus dem Fernsehen kennen. Meistens kommen wir dann nett ins Gespräch. Dreimal habe ich auch schon meine Fans auf einen Kaffee eingeladen, weil ich die Situation irgendwie auflockern wollte. Dann fällt mir nichts Besseres ein, als zu sagen: »Sag mal, willst du auch einen Kaffee? Komm, ich hol uns schnell einen.«

Denn ganz ehrlich, so richtig kann ich nicht damit umgehen, von Fremden angesprochen zu werden. Ich werde da ganz nervös. Na ja, und bevor eine peinliche Stille entsteht, kumpele ich die Leute lieber an.

In dem Moment frage ich mich aber schon, ob ich noch ganz dicht bin.

Eine professionelle Distanz zu Menschen zu wahren, das ist einfach nicht mein Ding. Im Grunde weiß ich gar nicht, wie das geht. Ich duze auch Handwerker direkt, sobald sie meine Wohnung betreten. Und Verkäufer sowieso. Sogar im Louis Vuitton Store im Berliner KaDeWe. Ich habe nämlich ein Faible für Louis Vuitton, für das ich mich auch ein bisschen schäme. Lange Zeit schwärmte ich für eine bestimmte Tasche – konnte sie mir aber nicht leisten. Als ich eines Tages endlich genug Geld gespart hatte, stiefelte ich also los zum Ku'damm, um meine Traumtasche zu kaufen. Ihr werdet es nicht glauben, aber der Verkäufer hat mich doch tatsächlich wiedererkannt. Dabei war mein letzter Besuch bestimmt schon ein Jahr her. Er sagte zu mir: »Ich wurde in diesem Geschäft noch kein einziges Mal von einer Kundin oder einem Kunden geduzt – nur von Ihnen. Deshalb habe ich Sie mir merken können.« Der Verkäufer klang alles andere als amused, als er das sagte.

Ich musste auch schon mal ein Biokosmetik-Geschäft im

Prenzlauer Berg verlassen, weil ich reinkam und sagte: »Hey, führst du auch Mandelöl?«

Die Verkäuferin reagierte völlig verschnupft und entgegnete: »Ich wusste nicht, dass wir uns duzen.«

Da war ich wirklich richtig pissed und meinte zu ihr, dass ich hier definitiv nie wieder etwas kaufen werde.

Und ich kann euch sagen, das war kein Einzelfall. So viel also zur professionellen Distanz, die gibt es bei mir einfach nicht.

Genauso wie eine natürliche Barriere, die bei vielen eingebaut ist. Ich erzähle den Menschen nämlich ungefragt alles, was bei mir gerade so los ist. Auch meiner Nachbarin, wenn es die Situation gerade erfordert.

So wie neulich:

Als ich zum ersten Mal einen ganzen Tag lang mit meinen beiden Töchtern alleine war, fühlte ich mich hart überfordert. Das Baby und die noch nicht ganz Zweijährige heulten dauernd, und ich war schon völlig am Ende und nass geschwitzt, als ich mich entschloss, mit den beiden rauszugehen. Frische Luft hat schließlich noch nie geschadet – vor allem nicht beim Einschlafen. Das war meine Hoffnung: zwei schlummernde Kinder, damit ich ein bisschen Kraft tanken könnte. Als ich uns alle drei schließlich angezogen hatte und wir es fertiggebracht hatten, die Wohnung zu verlassen, war ich schon völlig am Ende.

Just in dem Moment kam mir im Treppenhaus meine Nachbarin entgegen. Ich hatte sie bisher vielleicht zweimal in meinem Leben gesehen. Ich wusste also nicht viel von ihr. Was ich aber sicher wusste, war, dass sie zwei Kinder hat. Ich habe mir die arme Frau gekrallt wie ein Oktopus seine Beute und ihr eine Kassette reingedrückt, wie hart das mit zwei Kindern ist und wie ich gerade an meine Grenzen komme. Sie meinte gleich: »Ich weiß voll, was du meinst.« Dann ist sie ziemlich schnell in ihre Wohnung verschwunden. Ob sie keine Zeit oder keinen Bock auf mein Gelaber hatte, weiß ich nicht. Ist im Grunde auch egal, denn mir ging es danach sofort besser.

Klar frage ich mich manchmal, ob es so eine gute Idee ist, allen immer gleich aufs Brot zu schmieren, was bei mir los ist.

Aber dann denke ich mir: Wenn es hilft, ist es doch super.

Nur bei einer Sache stehe ich total auf Zurückhaltung. Und zwar, wenn es um die Kommunikation mit dem Smartphone geht. Ich liebe es einfach, am wahren Leben teilzuhaben. Und es nervt mich derbe, wenn ich die ganze Zeit Leuten auf WhatsApp schreiben muss. Deshalb vergesse ich auch oft zurückzuschreiben. Diese Art der Kommunikation ist eben nicht mein Ding, was soll ich machen?

Echt, diese ganze Telefoniererei und das Getippe sind doch kein Ersatz für echte Treffen. Ich möchte die Themen lieber besprechen, wenn ich meine Freunde und Bekannten live sehe. Manchmal gehe ich auch nicht ans Handy, wenn es klingelt, weil mir gerade nicht nach einem Gespräch zumute ist oder ich mies drauf bin.

Was dann aber passiert, ist ziemlich crazy: Ich habe Angst, dass derjenige, der gerade anruft, irgendwo um die Ecke steht und sieht, dass ich nicht drangehe. Ich schaue mich um und gucke, ob die Luft rein ist.

Umgekehrt habe ich immer ein bisschen Schiss beim Lästern, dass die Person, über die gerade gesprochen wird, aus Versehen am Telefon ist und zuhört. Ich schaue dann ohne Witz auf mein Handy und kontrolliere, ob wirklich niemand dran ist. Erst dann kann ich beruhigt weiterreden.

Auch wenn Kurznachrichten und Telefonieren nicht so mein Ding sind, gehöre ich natürlich trotzdem zum Team »Reden ist Gold«. Wer mich ein bisschen kennt, hat das vielleicht schon mitbekommen. Ich therapiere mich ja sogar in meinen Instagram-Storys selbst, weil ich auch da über den ganzen Scheiß rede, der gerade bei mir abgeht. Und das handhabe ich auch so mit meinen Mitmenschen. Permanent.

Das könnt ihr euch so vorstellen, dass ich immer und immer wieder über das, was mich gerade beschäftigt oder ärgert, spreche.

Mit meinem Mann.

Mit meinen Freunden.

Mit der Familie

Mit der Nachbarin.

Da bin ich gar nicht sonderlich wählerisch. Hauptsache, es hört sich jemand an. Und zwar so lange, bis ich für mich selbst die Lösung gefunden habe.

Denn Probleme mit mir selbst ausmachen, das kann ich gar nicht. Kommunizieren hingegen ist für mich die Heilung, meine Therapie. Ich muss über den Scheiß reden, den ich erlebt habe. Und wenn es nur ist, dass ich heute eine andere Schwangere getroffen habe, die es geschafft hat, dass ich mich fühle wie der letzte Walfisch. Ich habe das bestimmt zehn Leuten erzählt.

Je öfter ich es erzählte, desto klarer wurde mir, wie idiotisch der Gedanke mit dem Walfisch ist. Es gibt eben Schwangere, die kaum zunehmen, bei denen du von hinten keinen Meter siehst, dass sie schwanger sind. Und dann gibt es mich. Wenn ich um die Ecke biege, bebt schon der Boden. So what?! Eigentlich dürfte man das überhaupt nicht bewerten.

Anyway, ich erzählte die Walfisch-Geschichte also immer

und immer wieder. Irgendwann war es auserzählt und gut für mich. Ich bin des Themas dann überdrüssig und erkläre es für beendet.

Das ist übrigens auch mein Tipp in Sachen Partnerschaft und Freundschaften:

> Sagt, was mit euch los ist. Teilt euch mit, damit die anderen gedanklich mitkommen. Seid kein Buch mit sieben Siegeln.

Worin ich aber unbedingt besser werden muss? Verabredungen sinnvoll planen. Ich sage immer tausend Sachen zu und weiß in dem Moment eigentlich schon, dass ich das nie und nimmer schaffen werde. Bei mir ist das so eine Mischung aus FOMO, also fear of missing out, der Angst, etwas zu verpassen, und dem Wunsch, es allen recht zu machen.

Na ja, und ich schätze meine Zeit prinzipiell völlig falsch ein. Bei unserem letzten Umzug dachte ich, wir haben die ganze Wohnung in drei Stunden zusammengepackt. In Wirklichkeit dauert so ein Umzug drei Wochen.

Früher war es noch viel schlimmer, da habe ich 20 Termine für einen Tag ausgemacht. Das Schlimme ist ja, dass megaviele Leute dieses Problem haben – und dass es uns allen einen krassen Stress bereitet und wir schon morgens in Panik verfallen, weil wir nicht wissen, wie wir all diese Termine schaffen sollen.

Deshalb freue ich mich immer, wenn andere Leute unsere Verabredungen absagen müssen und ich so zwischendrin dann ein bisschen Luft habe. Denn spontan absagen fällt mir auch immer sauschwer, das enttäuscht die Leute total – und zu oft darf man sich so ein Verhalten auch echt nicht leisten.

Ich bin ein Mensch, der in einen Laden oder in ein Restaurant reingeht und in den meisten Fällen beim Rausgehen mit der Besitzerin, dem Verkäufer oder der Barkeeperin befreundet ist. Irgendwie geht das bei mir gar nicht anders. Ich komme ins Gespräch und schließe jemanden in mein Herz, und dann nimmt das so seinen Lauf.

Das klingt jetzt erst mal total schön, und ich würde auch sagen, dass mein Interesse an Menschen eine meiner großen Stärken ist.

Das Ganze hat aber auch einen Haken: Wenn man erst einmal auf einer freundschaftlichen Ebene miteinander verbunden ist, kann man nicht mehr einfach still sein.

Small Talk ist cool, keine Frage. Aber es gibt Situationen, da bist du müde oder kraftlos und hast einfach keine Energie mehr, um seicht zu quatschen.

Wenn ich mich beispielsweise richtig schön entspannen möchte, geht das nicht, wenn Leute immer mit einem einen Small Talk halten wollen. Aus diesem Grund gehe ich zum Beispiel bewusst lieber zu Friseuren, mit denen ich mich nicht anfreunde. Einfach, damit auch mal Ruhe herrscht und ich einfach mal einen ruhigen Glotzbert machen kann.

Falls es euch auch so geht, verrate ich euch noch meinen ultimativen Tipp: Wenn ich mir mal eine Maniküre oder Pediküre gönne, gehe ich ungelogen in so ein Nagelstudio, die es in Shoppingmalls gibt. Wo der Fernseher läuft und alles so neonfarben-hell ist. Was ich da am besten finde: Ich kenne niemanden, niemand kennt mich – und keiner hat die Ambition, mich in ein Gespräch zu verwickeln. Weil die sich überhaupt nicht für mich interessieren – BINGO! Denn für mich ist Reden immer auch Performance. Ich kann gar nicht anders. Es ist egal, wer mir gegenübersitzt. Derjenige bekommt von mir eine gute Show, basta! Das strengt mich dann aber auch schon wieder an. Ihr seht, worauf ich hinauswill, oder?

Aber jetzt kommt es: Wenn ich es schaffe, eine ruhige Atmosphäre herzustellen, ertappe ich mich plötzlich selbst dabei, wieder mit dem Labern anzufangen! Wie bescheuert ist das denn!! Nur weil ich nicht unhöflich sein will.

Es ist crazy, ich weiß.

Eine verzwickte Situation.

Ich bin ein Unterhaltungsautomat.

Wenn es um Kommunikation geht, ist mir leider nicht mehr zu helfen.

Aber was ihr jetzt auch wisst: Wenn ihr mich mal ansprecht, dann lade ich euch vermutlich direkt zu einem Kaffee ein. Überlegt es euch vorher also gut.

Kapitel 19

WURSCHTELN UND GAMMELN

Ich finde es ein bisschen schwierig, dass es in der Zeit, in der wir leben, so sehr um Effizienz geht. Die Leute trauen sich kaum mehr, mal einen Tag nur abzugammeln. Dabei tun Pausen so krass gut, um wieder aufzutanken.

Größere Auszeiten sind für manche Menschen gleich eine Lücke im Lebenslauf. Dabei ist es megawichtig, sich genug Raum dafür zu lassen, sich selbst zu finden. Genau dafür ist es gut, sich auch mal eine Zeit lang treiben zu lassen. So habe ich es gemacht, als ich von Regensburg in die große weite Welt gezogen bin: nach Hamburg. Aber der Reihe nach.

Ich hatte mein Musikstudium abgeschlossen und jobbte als Sängerin in einer Coverband. In dieser Zeit sang ich mega-bekannte Lieder auf Fantasie-Englisch. Ich habe also keinen Meter verstanden, was ich da eigentlich singe. Ähnlich wie kleine Kinder, die englische Lieder einfach nach Gehör nach-singen, weil sie noch kein Englisch sprechen.

Auf dem Oktoberfest haben wir als Band auch performt, ich sang »Simply the best« von Tina Turner und merkte, dass selbst die Leute in ihrem besoffenen Zustand dachten: »Alter, was singt die da oben denn für einen Scheiß?«

Erst als ich auch deutsche Lieder singen musste, wurde mir klar, dass man ja tatsächlich Texte auswendig lernen muss. Vorher habe ich mich immer durchgemogelt und dabei nie die Message der Songs verstanden.

Irgendwann bekam ich das Angebot, bei Fashionshows zu singen. Während die Models mit der Mode über den Laufsteg schwebten, sang ich dazu.

Eine Show bei der Modemesse in Düsseldorf ist mir in besonderer Erinnerung geblieben. Da wurde ich als eine Art Nutten-Yeti verkleidet: Ich hatte einen komischen Umhang an und sexy Stiefel, die nicht mal richtig zugingen, weil ich viel zu fette Waden für die Treter hatte. Dann haben sie mich zusammen mit Jimi Blue Ochsenknecht in einen Schlitten gesetzt. Ich glaube, der weiß bis heute auch nicht, was er in diesem Schlitten zu suchen hatte. Dieser Schlitten wurde also auf den Laufsteg geschoben, und ich schmetterte währenddessen meine Songs. Und – na klar – wieder in meinem Fantasie-Englisch. Irgendwann kam dann die Chefin dieser Modemesse auf mich zu und fragte: »Sag mal, Evelyn, was singst du denn da eigentlich?« Da dachte ich mir schon: »Shit, jetzt bin ich aufgeflogen«, und entgegnete ganz frech: »Ja, du, ich singe Emotionen. Gefühle, die gerade in mir sind.«

Das war natürlich der absolute Bullshit, aber sie hat es mir zum Glück abgekauft.

Dann passierte das Unglaubliche. Ein Musikproduzent, eine richtig große Nummer, wurde auf mich aufmerksam. Er hatte mich auf einer diesen Fashionshows gesehen, fand mich gut und wollte unbedingt eine Platte mit mir machen.

Das traf sich bestens, denn ich war 22 Jahre alt und wollte

unbedingt mal raus aus Regensburg. Also packte ich meine Siebensachen und zog nach Hamburg. Ich konnte nicht mal Piep sagen, so schnell hatte ich einen Musikvertrag mit einem richtig fetten Vorschuss in der Tasche, von dem ich gut leben konnte. Die Idee war, dass wir mein erstes Album aufnehmen und ich so etwas wie eine Karriere als Sängerin starte.

Erst einmal brauchte ich aber eine Bude. Die bekam ich über Julie. Julie habe ich megadicht auf der Reeperbahn kennengelernt. Wir kamen ins Gespräch, und sie erzählte, dass sie sich gerade von ihrem Freund getrennt hätte. Ich erklärte ihr, woher ich kam, was ich jetzt in Hamburg vorhabe und dass ich ein Zimmer bräuchte. Bingo! So kamen wir sehr spontan und ziemlich betrunken ins Geschäft. Wir waren beide Anfang 20, und Julie hatte eine Bude in einem Sozialbau, die supergünstig war und die perfekte Lage hatte. Ich zog also zu ihr, und mein Hamburg-Abenteuer konnte beginnen.

Und ich kann euch sagen: Ich hatte die Zeit meines Lebens, ich fühlte mich wie die coolste Socke auf der Erde! Der Produzent ist ein echt dufter Typ. Wir haben die meiste Zeit in seinem riesengroßen Studio abgehangen, rauchten eine nach der anderen und tranken Cola. Sängerinnen und Sänger kamen und gingen, sie nahmen ihre Songs auf, besprachen mit dem Produzenten ihren Kram, und ich war halt auch so mit dabei. Dann war schon wieder Zeit fürs Mittagessen, und wir zogen los. Ich fand das alles mega-aufregend.

Die Tage verstrichen, und wir hatten wieder keinen Song für mich aufgenommen. Egal! Unser Flodder-Lifestyle machte mir einfach großen Spaß, und ich fand es genial, in einer so großen Stadt zu leben und abends auf der Reeperbahn in irgendeiner Pennerkneipe feiern zu gehen. Ich habe mich da krass ausgelebt – es war einfach wunderbar.

Nebenher habe ich mir noch Geld mit Auftritten als Sängerin dazuverdient. Und ich hing auch viel im Studio mit dem Rapper Das Bo ab. Da haben wir an Songs getüftelt, und ich sang die Backings für ihn. Einmal durfte ich auch die Backing Voices für Scooter einsingen, weil die eine Frauenstimme für den Hintergrund brauchten. Das war echt eine Ehre für mich. Ey hallo, Scooter! Die Stimmung war da auch so geil, und ich dachte, wuhuuu, mein Leben ist einfach nur mega.

In der Pause stand ich draußen, um eine zu rauchen. Da erzählt mir einer, dass im Studio nebenan Jan Delay gerade sein Album produziert. Ich hatte da so übelst gute Laune, dass ich schnurstracks dahingestiefelt bin und an diese Eisentür klopfte. Jan Delay persönlich sprach durch die Tür mit mir, ich erkannte ihn an seiner markanten Stimme.

Ich so: »Evelyn hier. Ich wollte fragen, ob du noch eine Sängerin brauchst für dein Album.«

Ich glaube, er wusste gar nicht, was abging, und meinte nur: »Jaaa, neeee du, ciao.«

Ich stand da, und die Situation war mir auf einmal doch ziemlich unangenehm. Ich hatte echt Angst, dass Jan Delay mit seiner Band aus dem Fenster glotzt und die sich alle über mich lustig machen. Ich habe mich also ganz schnell verpisst in der Hoffnung, dass keiner guckt.

Manchmal hilft es im Leben, frech und crazy zu sein. Und manchmal eben nicht.

Zwei Jahre verstrichen, bis ich gecheckt habe, dass in Sachen Musikkarriere nichts vorwärtsgeht. Bis heute ist ja kein einziger Song fertig. Da kann man mal sehen, dass man Kreativität nicht erzwingen kann. Entweder es funktioniert, und man fühlt es – oder eben nicht. Das klingt jetzt, als wäre ich frustriert gewesen, das Gegenteil war aber der Fall. Ich liebte mein Leben in Hamburg, und es störte mich nicht, dass ich unproduktiv war. Ich ließ mich eben treiben.

Ich musste mir auch eingestehen, dass ich zwar eine echt gute Sängerin bin, dass ich aber nicht so richtig einen Plan habe, was für eine Art von Musik ich überhaupt machen möchte. Am ehesten wäre das noch Jazz, aber so richtig glaube ich auch nicht daran, dass ich der weibliche Roger Cicero bin und mit Jazzmusik die Hallen vollkriegen würde.

Was ich euch eigentlich sagen will: Solche vermeintlich unproduktiven Phasen im Leben sind alles andere als sinnlos. Auch wenn wir rückblickend feststellen müssen, dass wir nicht viel gebacken bekommen haben, der Abschluss vielleicht nicht geklappt hat, die Noten nicht gut genug waren oder in meinem Fall das Musikalbum nicht zustande kam. It's alright!

> **Keine Phase im Leben ist verschwendet. Möglicherweise ist sie genau deshalb wertvoll, weil ihr endlich die Gelegenheit hattet, euch selbst besser kennenzulernen oder zu verstehen, was ihr mit eurem Leben anfangen wollt.**

Vielleicht habt ihr ein Talent entdeckt. Unterschätzt auch niemals die Kraft der Langeweile. Ganz oft entsteht aus ihr etwas Großartiges, wenn wir in uns hineinhorchen und den Dingen einfach mal ihren Lauf lassen.

Ich bin fest der Meinung, dass zum inneren Frieden unbedingt dazugehört, sich selbst zu nehmen, wie man ist. Und dazu gehören eben auch ein paar Monate oder Jahre, in denen wir uns treiben lassen und nicht krass produktiv sind. Wir sollten viel weniger streng zu uns selbst sein.

Also wurschtelt euch auch mal durchs Leben, ohne schlechtes Gewissen und ohne Druck. Auf den kleinen Umwegen hat man meistens die beste Aussicht.

Und wisst ihr was? Ironie des Lebens: Ich habe eine gute Stimme, Musik studiert, schon tausend Auftritte absolviert. Es steht also außer Frage, dass ich singen kann. Deshalb wäre es nur eine logische Konsequenz gewesen, wenn aus mir eine Sängerin geworden wäre.

Aber das Leben hatte eben etwas anderes mit mir vor.

Denn manchmal reicht es eben nicht, gut in etwas zu sein. Da braucht es noch ein Quäntchen etwas anderes, in meinem Fall fehlte eben einfach ein Plan, was ich mit meiner tollen Stimme eigentlich anfangen möchte. Ein schönes Beispiel ist – da haben wir ihn wieder – Jan Delay. Er hat eher eine quietschige Stimme, bei ihm würde man im ersten Moment nicht draufkommen, dass einer wie er ein super erfolgreicher Musiker werden könnte. Aber dann kommt vieles zusammen, er hat eine geile Idee, stellt die richtigen Leute zusammen und zack, füllt er die großen Hallen mit seinem Sound.

So ist das im Leben, und das macht es ja so geil überraschend.

Ein weiteres schönes Beispiel dafür sind meine Bilder. Ich habe ganz früh angefangen zu malen und hatte schon immer meinen eigenen Style. Ich wähle starke Farben, dazu male ich prinzipiell Frauen mit lustigem Busen und crazy Körpern. Oft auch Pferde, die Bilder nenne ich dann Pferdemädchen. Meine Bilder sind raffiniert und auch lustig, ein bisschen naiv und immer mit einem Augenzwinkern. Erst habe ich nur für mich und Freunde gemalt. Irgendwann ging es dann los, dass immer mal wieder Leute gefragt haben, ob sie ein Bild kaufen können. Dann habe ich hin und wieder kleine Ausstellungen bei mir zu Hause veranstaltet.

Na ja, und irgendwann habe ich bei einer Galeristin angefragt, ob sie meine Bilder zeigen möchte.

Sie hat mich ausgelacht.

Und ja, ihre Reaktion hat mich verunsichert, ist doch klar. Aber wisst ihr was?

Man darf sich halt nicht beirren lassen von einer einzigen Meinung.

Gerade wenn es um Kunst, um Musik, um Schauspiel und vor allem um Humor geht, ist alles Geschmackssache. Nur kurze Zeit später durfte ich in einer der größten Galerien Berlins ausstellen. Bäääähm! Mittlerweile habe ich viele Auftragsarbeiten. Da bekomme ich die Farben und das Wunschmotiv mitgeteilt und lege los.

Ohne euch dabei falsche Hoffnungen machen zu wollen, aber ihr könnt im Leben alles schaffen. Klar gibt es Leute, die malen und malen und malen, und nichts kommt dabei herum. Aber wenn ihr einfach mal anfangt mit dem, was euch Spaß macht, euch etwas erarbeitet, was neu ist und gut ankommt, dann kann das klappen. Und manchmal ist es nicht das Naheliegende. Ich bin nicht Sängerin geworden, obwohl alle Zeichen auf Go standen. Auch gut.

Das Leben ist eine Wundertüte – and I think that's beautiful.

Kapitel 20

MANCHMAL TUT DAS LEBEN
AUCH WEH

Wenn es etwas im Leben gibt, das für alle Menschen hart ist, dann sind das Kritik und Ablehnung. Auch mich hat es schon sehr verletzt und getroffen, wenn ich kritisiert wurde. Die schlimmste Geschichte erzähle ich euch gleich. Vorher muss ich aber ein bisschen ausholen, damit ihr wisst, wie ich überhaupt im Fernsehen gelandet bin.

Mit Anfang 20 lebte ich also in Hamburg und wartete auf meinen großen Durchbruch als Sängerin. So richtig ging da nichts voran, also jobbte ich nebenbei in einem Café. Es stellte sich schnell heraus, dass ich in der Gastronomie wirklich gar nichts verloren habe.

In dem Café gab es eine Kuchentheke, und mir ist ungefähr jedes Stück Kuchen, das ich verkaufen sollte, umgekippt oder heruntergefallen. Es war wirklich ganz schlimm und ging nicht lange gut.

Nach wenigen Wochen meinte der Cafébesitzer zu mir, dass er mich echt gerne mag und ich auch lustig und nett sei. Aber dass ich als Bedienung einen echt miesen Job mache. Ich war ehrlich gesagt froh, dass ich von ihm die Bestätigung hatte, dass das einfach nicht mein Ding ist, und habe es für immer sein lassen.

In der Zeit erfuhr ich von einer Moderatorenschule, der Frank-Elstner-Masterclass, die in Berlin beim Axel Springer Verlag starten sollte. Die Moderationslegende Frank Elstner suchte junge Talente. Ich wusste: Da musst du dich bewerben!

Meine drei Bewerbungsvideos waren auch richtig cool und funny. Ich sollte mich in einem Video selbst vorstellen und in den anderen Interviews führen.

Und zack, flatterte die Einladung zum Casting rein. Da saß dann eine Jury, die bestand aus Frank Elstner himself, seinem Sohnemann, einem erfolgreichen Künstler-Manager, und ein paar hohen Tieren vom Axel Springer Verlag.

Ich bin beim Casting auf eine Bühne gegangen und habe die Fragen beantwortet, die mir die Jury gestellt hat. Damals war ich noch viel wilder drauf als heute, sodass die Leute dort dachten, ich verarsche hier alle und sei in Wirklichkeit ein Lockvogel von »TV Total« oder »Versteckte Kamera«. Die konnten nicht fassen, dass ich mich das wirklich traue. Mein Verhalten kann ich gar nicht richtig beschreiben, ich war einfach frech, schlagfertig und auch ein bisschen durchgeknallt. Später kam einer aus der Jury auf mich zu, schaute mich ernst an und fragte:

»Bist du echt?«

Ich habe natürlich gar nicht gecheckt, worauf der hinauswill, und sagte einfach nur:

»Ja.«

Und er so: »Krass!«

Leute, ich bekam die Zusage und zog nach Berlin! Das war erst einmal schmerzhaft für mich, weil ich in Hamburg als Stadt echt verknallt war. Und mit Berlin braucht man eine Weile, um warm zu werden.

Es war 2013, ich war 24 Jahre alt, und mein Leben nahm jetzt so richtig Fahrt auf.

Erst einmal zog ich zu meinem Kumpel Leo. Das endete beinahe in einer mittleren Katastrophe. Denn als meine Schwester Carolyn zum ersten Mal bei mir in Berlin zu Besuch war, fackelten wir fast seine Bude ab. Wir standen in der Küche und haben mit unseren dicken Ärschen aus Versehen die Herdplatte angeschaltet. Auf der standen – warum auch immer – unsere Kosmetiktaschen. Wir verließen also die Wohnung, und unsere Wimperntuschen kokelten langsam auf Leos Herd vor sich hin. Leo war zum Glück zu Hause und wurde von dem ganzen Qualm irgendwann wach. Ciao!

Augen auf bei der Mitbewohnerwahl, kann ich da nur sagen.

Dann hatte ich noch eine komische Affäre mit einem Engländer, den ich immer nicht losgeworden bin – und der immer ewig bei uns in der WG rumgehangen ist. Er hat auch mehrmals ungefragt Leos Gesichtsrasierer für seine Körperbehaarung benutzt und ihn danach nicht mehr sauber gemacht. Leo präsentierte mir dann seinen Rasierer mit den ganzen schwarzen Haaren und fragte mich etwas ungehalten, ob das unser Ernst sei.

Das war noch nicht mal alles, was Leo mit mir durchmachen musste. Einmal hatte ich abends den Schlüssel in der Wohnungstür stecken lassen und bin schlafen gegangen. Leo kam nach seinem Nachtdienst nicht in seine Bude rein, er klingelte und klopfte bestimmt eine Stunde lang. Ich schnarchte vor mich hin und bekam nichts mit. Und mein Telefon war auch aus.

Nach einer Stunde war Leo so verzweifelt, dass er das Baugerüst, das zu dem Zeitpunkt an unserem Haus stand, bis in den fünften Stock hochkletterte, um vor meinem Fenster hysterisch wie eine Furie zu schreien: »Evelyn, du Arschloch, lass mich endlich rein!« Armer Leo. Sicherlich hat er es im Nachhinein bitterlich bereut, mich aufgenommen zu haben. Ich war einfach hart anstrengend für ihn, und er war froh, als ich meine eigene Wohnung gefunden hatte. Ich zog also über eine Pennerkneipe in einem megaalten Haus im Prenzlauer Berg. In der Wohnung hat es so krass nach Rauch gemüffelt, das kann ich euch gar nicht sagen. Damals war ich noch Kettenraucherin. Wenn der Gestank selbst mir zu krass war, dann muss das wirklich was heißen. Aber die Wohnung war billig und hatte zwei Zimmer. Geil!

Jedenfalls hatte ich mich unglaublich gefreut, dass es mit der Moderationsschule geklappt hat. Aus 1600 Bewerberinnen und Bewerbern wurden 15 Leute ausgewählt – und zu denen gehörte ich. Wow! Das war schon eine riesengroße Ehre für mich.

Ich werde aber nie vergessen, wie schrecklich der erste Tag war.

Da standen Tische und Stühle – wie in der Schule! Wir mussten uns alle hinsetzen, und dann kam jemand und hat uns etwas erzählt. Frontalunterricht. Wie früher in der Schule. Euer Ernst?

Ich weiß noch, wie unerträglich langweilig ich das fand.

Ich war wirklich kurz davor, aufzustehen und zu gehen, weil ich fest der Meinung war, dass das hier nicht mein Ding sei.

Zum Glück bin ich sitzen geblieben und habe mal kurz durchgeatmet. Kann ich euch übrigens generell im Leben empfehlen, das hilft in den allermeisten brenzligen Situationen. (Schaffe ich ehrlich gesagt aber auch nur bei jeder vierten Situation.)

Frank Elstner hat schnell verstanden, wie ich ticke – und ich bekam Narrenfreiheit bei ihm. Bei Vorträgen durfte ich auch mal früher gehen, weil er wusste, dass ich nicht länger als 20 Minuten dazu in der Lage bin, herumzusitzen und zuzuhören.

Gleichzeitig schickte man mich zu den höchsten Tieren, um sie zu interviewen, etwa dem heutigen Bundespräsidenten Frank-Walter Steinmeier. Für so etwas wurde immer ich ausgewählt. Da habe ich zum ersten Mal verstanden, wie es bei mir läuft:

Entweder ich werde von den Leuten krass abgefeiert, oder sie können mit mir und meiner Art nichts anfangen.

Aurel Mertz, den ihr bestimmt aus dem Fernsehen kennt, war auch ein Teilnehmer dieser Moderationsschule. Eines Tages wurden wir beide auserwählt, zu einem krassen Dinner des Axel-Springer-Journalisten-Clubs zu gehen. Wir haben uns natürlich ziemlich in die Hosen geschissen, weil da die ganzen TV-Bosse und auch der Vorstand vom Verlag waren. Also wirklich die ganzen mächtigen Entscheider der Unterhaltungsszene.

Wir zwei Pimmelfressen saßen da also mit am Tisch, es gab verschiedene Talks. Man diskutierte über die Zukunft des deutschen Fernsehens.

Der Vorstand ging herum und fragte die Leute, was ihnen zum Thema einfiel. Plötzlich kam er auf mich zu und fragte:

»Frau Weigert, was sagen Sie denn dazu?«

Ich meinte einfach nur:

»Ganz ehrlich, interessiert mich ein Haufen Scheiße. Ich freue mich jetzt aufs Büfett!«

Stille im Raum!

Neben mir saß eine kleine, alte Frau, die fing an zu klatschen und rief:

»Ja genau, bravo!«

Dann haben alle mitgeklatscht.

Leute, das war einer der absurdesten Momente meines Lebens. Heute würde ich mich so etwas nie und nimmer trauen, aber damals war ich so furchtlos. Ich hatte wirklich vor gar nichts Respekt oder Angst. Damals hätte man für mich wirklich einen Waffenschein gebraucht. Über die Jahre bin ich etwas ruhiger geworden – einerseits gut, aber auch ein bisschen schade eigentlich.

Aber auch noch heute ist es so, dass ich polarisiere. Damit kann ich mittlerweile gut leben. Aber natürlich kenne auch ich den Wunsch, von allen geliebt zu werden. Doch dann frage ich mich immer, ob ich denn umgekehrt alle Menschen gut leiden kann? Natürlich nicht – wie soll man auch alle Leute toll finden? Unrealistisch. Deshalb macht es keinen Sinn, von allen anderen gemocht werden zu wollen. Wahnsinnserkenntnis, sollte man sich immer mal wieder klarmachen.

Mir ist bewusst, dass ich von meinem Temperament her keine Nachrichtensprecherin bin. Aber ich glaube, dass man sich selbst erst so richtig akzeptieren kann, wenn man sich gefunden hat und sieht, dass man auch Erfolg im Leben haben kann. Seitdem es bei mir gut läuft und ich weiß, dass ich mitten im Leben stehe, kann ich sehr gut auch mal den Mittelfinger zeigen und zu meiner Scheiße stehen, wenn mir jemand mal eine Absage erteilt oder das, was ich mache, nicht geistreich oder wenig witzig findet. Mit Mitte 20 hat mich die Kritik, dass ich zu wild, zu laut, zu unberechenbar sei, aber verletzt.

Nachdem ich die Moderationsschule abgeschlossen hatte, bot man mir zusammen mit Jochen Schropp eine Sendung auf Pro7 an – zur Primetime!

Vorher war ich bei Jan Böhmermann zum Casting, dort habe ich mich dermaßen wie die Axt im Walde benommen, fürchterlich peinlich einfach nur. Ich habe da so eine Keyboard-Burg aufgebaut und wollte darauf Klavier spielen.

Man suchte scheinbar eine Verrückte für die besagte Pro7-Show, und dann meinte Böhmermann wahrscheinlich:

›Schaut euch die Weigert mal an, die ist komplett durchgeknallt.‹

Anders kann ich mir nicht erklären, wie sie auf mich kamen.

Die Sendung hieß »Himmel oder Hölle«. Ihr müsst euch das mal vorstellen: Ich war Mitte 20, hatte vorher nie etwas im Fernsehen gemacht und bekam von jetzt auf gleich eine eigene Sendung zur allerbesten Sendezeit. Eigentlich viel zu krass.

Jedenfalls wurde ich da in ein bizarres Bild reingedrückt: Ich sollte eine böse Tussi in Lederklamotten spielen, die in der Hölle sitzt. War genauso schräg, wie es sich anhört. Ich fühlte mich jedenfalls alles andere als wohl in meiner Rolle.

Das Schlimmste aber war, dass mir die Texte vorgeschrieben wurden. Ich musste also im Fernsehen sagen, was ein anderer für mich formuliert hatte. Und wenn ich eine Sache nicht kann, dann ist es das Vortragen von Moderationstexten, die nicht von mir selbst sind. Insgesamt gab es von »Himmel oder Hölle« drei Sendungen, mit der ersten waren wir Quoten-Tagessieger. Da knallten natürlich erst mal die Korken.

Dann gab es zwischen der ersten und zweiten Sendung – warum auch immer – eine lange Pause. Danach waren wir der Oberflop.

Es klingt komisch, aber irgendwie war es eine Erleichterung für mich, als die Sendung abgesetzt wurde. Trotzdem nimmt man so ein Aus persönlich, ist doch klar. Ich dachte damals volle Möhre, es liegt einzig und allein an mir, dass die Sendung gefloppt ist. Damals habe ich auch verstanden, warum so viele Leute in der Branche Alkoholiker sind oder Drogen nehmen, so ein öffentlicher Dämpfer ist einfach krass. Das kann nicht jeder handeln. Es dauert Jahre, bis man so im eigenen Saft steht und den eigenen Shit gefunden hat, dass man einfach sagen kann: Ist mir egal. Das ist harte mentale Arbeit, an so einen Punkt zu kommen.

Also ja, »Himmel oder Hölle« war eine Niederlage für mich, ich nahm das alles sehr persönlich und habe an mir gezweifelt. Und trotzdem habe ich mir nie wirklich Sorgen gemacht, wie es mit meinem Leben jetzt weitergehen sollte. Ganz im Gegenteil: Mir wurde klar, dass ich ab jetzt nur noch Projekte angehen sollte, hinter denen ich voll und ganz stehe. Nur so kann daraus ein Erfolg werden – und ich glücklich mit meiner Arbeit werden.

Heute kann ich euch sagen:

> Leute, Zweifel gehören zum Leben dazu. Und es ist
> krass wichtig, dass wir an uns selbst zweifeln, denn nur
> so können wir uns weiterentwickeln.

Und auch wenn sich diese Zweifel echt fies anfühlen können: Das wird mit der Zeit auf jeden Fall viel, viel besser. Weil man sich irgendwann findet. Zweifel gehören bis dahin aber zum Selbstfindungsprozess dazu.

Nehmen wir sie als Teil von uns wahr, denn sie führen uns ja im besten Fall auf den richtigen Weg.

Heute weiß ich so viel besser, wer ich bin und was ich gut kann. Würde jemand zu mir sagen:

»Evelyn, könntest du bitte die Tagesthemen moderieren?«, dann würde ich antworten: »Nee, das kann ich nicht! Such dir jemand anderen.«

Weil ich wüsste, das wird mit Ansage eine Katastrophe.

Know your limits!

Und gesteht euch ein, dass ihr nicht für alles gemacht seid.

Das ist vollkommen okay so.

Ich muss auch heute immer wieder ehrlich sein und mir eingestehen, dass ich manchmal mit Stress nicht gut umgehen kann. Dann muss ich manche Projekte eben absagen. Erst wenn man sich selbst gut kennt und einschätzen kann, kann man gute Entscheidungen für sich selbst treffen. Und dann hat man auch die Größe, Kritik oder Niederlagen besser einzustecken. Und das Wichtigste finde ich, dass man es auch schafft, die Kritik für sich einzuordnen.

Ist das etwas, was ich mir echt zu Herzen nehmen sollte?

Inwiefern bringt sie mich weiter?

Na ja, und im Idealfall schaffen wir es dann auch, mit etwas Abstand über all das zu schmunzeln.

Heute trifft mich Kritik nicht mehr so stark, weil ich für mich einstehen kann. Bis dahin war es aber ein langer Weg. Die schlimmste Situation, die ich in Bezug auf Kritik erlebt habe, war nach einer Show im TV, zu der mehrere Prominente eingeladen waren. Nach der Sendung gingen wir alle in die Hotelbar. Wir saßen an einem großen Tisch, als einer der Teilnehmer auf einmal voll loslegt. Er hat mich vor allen anderen voll gedisst. Nach meiner Erinnerung so sinngemäß: Ich sei überhaupt nicht lustig, und das Publikum hätte auch null gelacht, wenn ich etwas gesagt hätte (was nicht stimmt!). Überhaupt, wie ich mich als Frau so aufführen könnte, das würde ja gar nicht gehen. Allen war die Szene extrem unangenehm. Man konnte richtig sehen, wie sie am liebsten unter den Tisch gerutscht wären.

Und ich? Ich wusste überhaupt nicht, wie mir geschieht. Die Kritik kam ja wie aus dem Nichts heraus. Und ehrlich gesagt finde ich noch heute, dass ich einen guten Job gemacht habe an dem Tag. Und es war ja nicht nur Kritik, es war auch beleidigend, was er vom Stapel gelassen hat. Keine Ahnung, wie ich ihn so auf die Palme bringen konnte. Ich kam auch schlecht auf die Kritik klar, weil die Art und Weise natürlich nicht in Ordnung ist. Und weil sie nicht gerechtfertigt war, denn ich habe voll abgefeuert in der Sendung.

Jedenfalls heulte ich danach ungelogen zwei Tage lang richtig Rotz und Wasser, ich lag im Bett und bin richtig eingebrochen. Die Worte hatten mich so krass verletzt. Da muss ich wirklich sagen: Danke an meine Eltern, die acht Stunden mit mir facetimen mussten, um mich wieder aufzupäppeln.

Sie haben mir wirklich geholfen, da wieder drüberzustehen. Aber bis heute ist und bleibt das eine der schlimmsten Situationen meines Lebens.

Die Geschichte hat noch ein kleines Nachspiel: Ein paar Jahre später hatte ich einen Auftritt, da war er auch da und kam danach Backstage auf mich zu und meinte: »Hey, voll gut!« Der wollte echt mit mir schnacken! Ich habe eine Sekunde überlegt, dann habe ich ihm den Stinkefinger gezeigt und bin weitergegangen.

Was ich in Bezug auf Kritik ganz wichtig finde: Ehrlichkeit ist das Allergeilste, vor allem in Freundschaften. Aber bevor wir gegenüber den Leuten, die wir lieb haben, Kritik äußern oder sagen, was uns gerade am anderen stinkt, sollten wir mal kurz schauen, in welcher Lebenssituation sie oder er sich gerade befindet. Können sie die Kritik gut verdauen? Das ist ja manchmal tagesformabhängig.

Wir sollten die Kritik erst dann formulieren, wenn derjenige sie auch packt und eben nicht als krass verletzend wahrnimmt. Mir ist es auch schon passiert, dass ich in keiner guten Verfassung war und eine Freundin zu mir sagte, dass sie echt nervig findet, dass ich unsere Verabredungen zu oft in letzter Minute absage oder sie versetze. Das sei echt nicht in Ordnung.

Natürlich hat sie total recht mit ihrer Kritik. Aber in dem Moment konnte ich das gar nicht annehmen, weil es mir ohnehin schon nicht gut ging. Und war einfach nur stinkig auf sie.

Ich finde es auch superwichtig, den Leuten um uns herum die Chance zu geben, cool zu kommunizieren. Wenn man also angepisst oder verletzt ist von der Kritik, dann darf und soll man das auch sagen. Ich habe das schon öfter gemacht: »Ich verstehe deinen Punkt, aber ehrlich gesagt hat mich deine Kritik gerade ganz schön verletzt.« Das ist für den anderen doch ein wertvolles Feedback, dass der Tonfall in dieser Situation vielleicht nicht ideal war.

Vor ein paar Monaten hat Promiflash ein Bild von mir gepostet, auf dem liege ich hochschwanger auf einer Liege und bin ans CTG angeschlossen. Ich habe mein T-Shirt hochgezogen, man sieht also meinen Babybauch.

Ey, was da für Kommentare drunterstanden, wow!

Die Leute haben echt so was geschrieben wie: »Das ist so ekelhaft!«

Tut mir leid, aber so einen Hate kann ich wirklich nicht ernst nehmen. Die Leute, die so etwas schreiben, sind doch nicht zurechnungsfähig. Ich denke mir dann immer: »Würde einer meiner Freunde so etwas über mich sagen?« Die Frage kann ich klar mit Nein beantworten. Also ist es mir egal, was die Leute im Netz schreiben. Und meine Community ist eh von einem anderen Stern. Ich weiß, dass es so krass viel Hate auf Instagram und im Internet gibt. Davon erzählen mir auch immer mal wieder Bekannte, dass sie mit gemeinen und gehässigen Kommentaren Probleme haben. Aber meine Gemeinde ist so der Knaller, ich sag's euch! Ich bin so gesegnet mit den geilen Leuten, die mir folgen. Gerade weil ich weiß, wie hart und fies es woanders im Netz zugeht.

Also, ihr Bitches. Kritik ist immer schmerzhaft. Aber es kommt wirklich ganz stark darauf an, von wem sie kommt.

Etwa von irgendeinem Irren aus dem Internet? Lacht drüber!

Oder von jemandem, auf dessen Rat ihr sehr viel Wert legt? Dann nehmt sie euch auch zu Herzen.

Weil ich heute gut mit mir selbst klarkomme, habe ich auch die Größe, einem Kritiker zu entgegnen: »Weißt du was, du hast vollkommen recht.« Dazu musste ich mich aber erst einmal annehmen, wie ich bin, und mir bewusst machen, was ich gut kann. Wenn man das einmal verstanden hat, reagiert man auch nicht mehr so empfindlich auf Kritik und Ablehnung.

Ich wünsche euch allen von Herzen, dass ihr an diesen Punkt kommt. Ich weiß, das dauert und ist ein langer Weg. Aber wenn ihr es geschafft habt, steht ihr ein bisschen über den Dingen. Und das ist einfach das geilste Gefühl.

Kapitel 21

MODE-CHAMÄLEON

Mode ist ein krasses Thema für uns Frauen. Denn was wir tragen, hat ganz viel Einfluss darauf, wie wir uns fühlen – und umgekehrt genauso. Kleider machen Leute, das stimmt halt einfach. Und mir kann wirklich keine erzählen, dass sie sich bei ihrem Outfit nichts gedacht hat. Die Kleidung ist schließlich das Sprachrohr nach außen. Selbst wenn jemand herumläuft wie der letzte Penner, hat das etwas zu bedeuten. Nämlich: »Ich habe Wichtigeres zu tun, als mir den Kopf wegen Mode zu zerbrechen.« Auch das ist also eine Message.

Außer du bist Mutter. Dann hat dein Outfit wirklich keine tiefe Botschaft mehr.

Ich zumindest gehe an manchen Tagen wie ein Zombie auf die Straße. Einfach, weil ich keine Zeit mehr finde, mich schön zu machen. Oder weil alle meine guten Sachen in der Wäsche sind. Ein bisschen traurig, aber so chaotisch ist das Leben mit zwei Babys eben manchmal.

Eigentlich sind wir Frauen unser Leben lang auf der Suche nach dem eigenen Style und fühlen uns zuweilen unzulänglich, weil wir in unseren Augen doch nie stylisch genug sind.

Wenn es euch nicht so geht: geilo, Gratulation!

Ich zumindest kenne dieses Gefühl nur zu gut. Ich probiere einfach gerne aus und rutsche dabei immer mal wieder auf meinem Stylingweg aus.

Ich persönlich finde Frauen toll, die einen edlen und schlichten Modestil haben. Obwohl ich mir natürlich auch diese klassischen Kaschmir-Basics kaufe, will es bei mir nie so aussehen. Sie sehen aus, als würden sie in einer Kunstgalerie arbeiten – und genau diesen Spirit mag ich total. Gleichzeitig weiß ich genau, dass der Look bei mir nicht funktioniert. Trotzdem versuche ich es immer wieder.

Mittlerweile ist Instagram für mich eine wichtige Style-Inspiration geworden. Und ich frage auch meine Freundinnen, wer ihre Mode-Vorbilder sind. Jule Lobo, die sich aus meiner Sicht sehr geil kleidet, hat neulich gedroppt, dass Prinzessin Diana ihre Stilikone sei. Da wäre ich ja niemals draufgekommen, fand den Gedanken aber sehr spannend. Jule lässt sich von Lady Di inspirieren und ich mich von Jule. So nehmen die Dinge ihren Lauf. Nimm das, Prinz Charles!

Wobei ich finde, dass es völlig okay ist, den eigenen Stil wie ein Chamäleon zu wechseln und sich auszuprobieren. Ich habe jahrelang mit meinen jeweiligen Partnern auch meinen Style gewechselt und wurde deshalb von meinen Freundinnen, die mich sehr lange kennen und deshalb die verschiedenen Modestationen mitgemacht haben, übel verarscht.

Bevor ich mit meinem ersten Freund zusammen kam, lief ich als Pimkie-Prinzessin herum, trashig und mit viel Glitzer.

Ich trug in der Zeit gerne Hüftjeans und dazu goldene Ballerinas mit Keilabsatz. Ich sah aus wie eine, die in einer Bar arbeitet, in der immer Happy Hour ist. Inklusive Gelnägeln und scheußlichen Augenbrauen. Zusammenfassend könnte man sagen, dass ich wie eine Möchtegern-Viva-Moderatorin herumlief. Für die Jüngeren unter euch: Viva war in meiner Jugend neben MTV der große Musiksender.

Meine erste große Liebe war ein lässiger Skatertyp. Aber ich dachte mir schon, dass wir modemäßig nicht recht zusammenkommen würden. Für unser erstes Date habe ich mir deshalb ein komplett neues Outfit zugelegt. Es mussten ein Kapuzenpulli und coole Baggy-Jeans her. Ich sah im Handumdrehen aus wie eine Skater-Braut, was ich ultralässig fand.

Mein nächster Freund war dann eher so der Typ Spießer, er war BWL-Student und fuhr ein Mercedes-Cabriolet. Ich passte mich wieder an und sah aus wie eine tschechische Steuerberaterin. So wannabe-rich mit Rollkragenpullover, Perlenohrringen und schicken Lederschühchen. Könnt ihr euch gut vorstellen, oder? Dass ich meine Garderobe mit den Männern gewechselt habe, finde ich voll okay. Mein wahrer Stil liegt irgendwo dazwischen.

Mittlerweile bin ich mit Alex verheiratet. Als wir uns kennenlernten, war ich in Sachen Mode allerdings schon gut gefestigt. Und das war auch gut so.

Denn Alex scheißt komplett auf Mode.

Er ist wirklich der einzige Mensch, den ich kenne, der sich nie etwas kauft.

Seine Klamotten haben allesamt irgendwo ein Loch, das stört ihn aber gar nicht. Wenn ich möchte, dass er mal etwas anderes trägt, dann muss ich selbst losziehen und für ihn neue Teile shoppen.

Ich finde es irgendwie aber auch sexy. Mit Alex bin ich viel entspannter geworden, was ich sehr schön finde. Und Typen, die sich über ihr eigenes Aussehen eine Riesenbirne machen, sind einfach nur anstrengend. Ich habe Ex-Freunde, die mich ständig gefragt haben, wie ihre Haare heute liegen oder ob ich ihr Outfit gut finde. Alter, ist mir doch scheißegal.

Es waren auch nicht nur meine Partner, die meinen Kleidungsstil beeinflusst haben. Auch die Städte hatten immer ein Wörtchen mitzureden. Als ich mit Anfang 20 von Regensburg nach Hamburg gezogen bin, kam ich in meine Vintage-Phase. Wie bei fast jedem, der vom Dorf in die Großstadt zieht, erstürmte ich die Flohmärkte und Secondhandläden, weil sich das so sehr nach Boheme und so wenig nach Provinz anfühlt. War mir auch total egal, wie sehr die Sachen gestunken haben, Hauptsache Vintage. Ich habe irre Styles aufgefahren. Außerdem trug ich aus Überzeugung Schuhe, die mir zu klein waren. Einfach, weil es die, die ich gut fand, im Secondhandladen logischerweise nur in der einen Größe gab. Als könnte man darauf hoffen, dass die Füße im Laufe der Zeit kleiner werden. (Ich kann euch verraten: Das Gegenteil ist der Fall!) Aber solche Fehlgriffe gehören eben dazu, wenn man durch seine Vintage-Phase geht. Da trägt man Klamotten, von denen man keinen Schimmer hat, welches Vorleben sie haben, und ist megastolz, weil man den hottest shit in town ergattert hat.

London macht auch jedes Mal etwas mit mir. Ich kaufe mir da zielsicher so crazy Teile, mit denen ich mich – zurück im richtigen Leben – total verkleidet fühle. In London denke ich noch, wie supercool ich bin, und zu Hause ist davon nur noch ein »Whaaaat?!« übrig.

Urlaubsstyle ist allgemein schwierig ins Heimatland zu importieren. Die Glitzerkleider oder die weißen Leinentücher, in denen du eine Woche auf Ibiza rumlungerst, passen einfach nicht in deine deutsche Kleinstadt. Wieder zurück, fühlst du dich verkleidet, wenn du in den Spiegel schaust und eingestehst, dass du mit der Klamotte unmöglich am nächsten Tag bei der Sparkasse hinterm Schalter stehen kannst. Kleidung hat immer einen Kontext, und wenn man sie aus ebendiesem herausreißt, funktioniert sie manchmal einfach nicht mehr. Das ist die (traurige) Wahrheit.

Wunderbare Fehlkäufe begleiten uns Frauen ein Leben lang. In meiner zweiten Schwangerschaft kaufte ich mir zwei Wickelkleider aus Seide in – Achtung! – Größe 36. Ich frage mich bis heute, wie ich da jemals reinpassen soll. Jedenfalls hängen sie ganze vorne im Schrank wie zwei sehr hübsche Ausrufezeichen, die mich daran erinnern, dass ich manchmal einfach sehr dumm bin.

Das Einzige, was ich an Mode schlimm finde, ist, dass sie so schnell oll aussieht. Mit 15 Jahren dachte ich, ich bin das heißeste Gerät auf dem Dorf, und wenn ich heute die Bilder aus dieser Zeit betrachte, denke ich mir nur: Wie scheiße kann man eigentlich aussehen?

Manchmal frage ich mich, ob das jemals aufhört, dass man fünf Jahre später nie so geil aussieht, wie man sich damals gefühlt hat. Immerhin habe ich mich zu der Zeit für die geilste Olle on Planet Earth gehalten. Also: Was werde ich in ein paar Jahren über das denken, was ich heute trage und voll gut finde?

Immerhin hätte ich dann immer etwas zu lachen.

Ich finde es auch wirklich sehr faszinierend, wie sich Styles immer wieder durchsetzen. Man denkt, jetzt sind Hüfthosen und Plateauschuhe nun wirklich ein für alle Mal durch, und dann kommen sie ein paar Jahre später doch zurück, und man macht wieder mit. Ich hätte niemals gedacht, dass ich jemals wieder Schlaghosen tragen werde. What the hell! Und wenn ich jetzt in den Schrank schau, hängt da eine, TA-DAAA! Glaubt mir, die ersten Male werdet ihr noch große Augen machen, wenn ihr mich in diesen Leo-Schlaghosen seht. Aber dann gewöhnt sich das Auge daran, und kurze Zeit später zieht ihr los und kauft euch auch eine. Erinnert euch an meine Worte! Denn das Modekarussell dreht sich unaufhaltsam immer weiter.

Beim Nachmachen sollte man aber auch vorsichtig sein. Wenn meine Freundin Vroni etwas Neues trägt, denke ich mir immer, dass ich das auch unbedingt brauche. Vroni bringt vom Flohmarkt häufig echte Schätze mit. Einmal erstand sie so fette Biker-Boots. Ich fand sie unfassbar hot! Als Vroni sie loswerden wollte, schnappte ich zu. Also stiefelte ich mit den Teilen am nächsten Tag zu einem Workshop. Alter, ich habe mich noch nie so unwohl gefühlt und musste mir in der Mittagspause neue Schuhe kaufen gehen. Ich sah einfach aus wie ein Freak, der mit seiner Harley Davidson gleich zum Squaredance fährt. Die Stiefel waren einfach so gar nicht Evelyn. Lesson learned, würde ich sagen. Mode muss man eben fühlen.

Mein Style heute ist bequem und lässig – und seit Corona noch viel mehr. Durch die Pandemie gibt es nicht mehr besonders viele Gelegenheiten, es modisch krachen zu lassen.

Und als Mutter hockst du eh den halben Tag auf dem Boden oder bückst dich, um ein Kind hochzuheben. Da ist es hart unbequem, Hosen aus festem Stoff zu tragen. Neulich hatte ich Jeans an, die waren höllisch unbequem, und da wurde mir schlagartig klar, dass ich das einfach nicht mehr packe. Ich sage euch, das Mama-Leben ist schon anstrengend genug, da muss ich mich nicht noch in irgendwelche Sachen rein-klemmen, die überall zwicken und beißen. Hüfthosen und ganz enge Röhren sehen mittlerweile auch richtig beschissen an mir aus. Diese superengen Hosen hatte ich natürlich – wie alle anderen – auch jahrelang an. Und ich bin mir sicher, dass wir sie in zehn Jahren wieder tragen werden. Aber für jetzt ist es auch mal gut.

Ganz ehrlich, Leute, wenn ich eine Erkenntnis in den letzten Jahren gewonnen habe, dann diese:

> **Tragt die geilen Sachen aus eurem Schrank! Und zwar idealerweise, BEVOR sie wieder out oder zu eng sind. Es hilft ja keinem, wenn sie im Schrank vergammeln, weil ihr sie schonen wollt für einen besonderen Anlass, der dann doch nie kommt.**

Auch bei teurer Kosmetik gilt: Benutzt das Zeug! Man denkt sich immer, man hat dafür so viel Geld ausgegeben, deshalb sollte man sparsam damit umgehen. Das Gegenteil ist der Fall! Im blödesten Fall überschreiten die schönen Cremes und Puder ihr Verfallsdatum, und dann hattet ihr keine Freude an ihnen. Die Sachen werden ja nicht besser, wenn sie unbenutzt im Bad herumstehen. YOLO!

Mittlerweile schmiere ich mir die teuren Tinkturen auch

auf den Arsch, wenn es sein muss. Und meinen teuren Daunenmantel trage ich jetzt auch wieder. Seit ich Kinder habe, wollte ich ihn nicht mehr anziehen, weil ich immer Angst hatte, dass sie mich mit ihren dreckigen Klebehändchen anfassen und meinen Mantel ruinieren. Aber wisst ihr was? Es gibt so vieles, von dem ich mich stressen lasse. Damit mache ich mich jetzt nicht auch noch verrückt.

Der Mantel wird angezogen, Punkt.

Ausmisten, auch ein ganz wichtiges Thema, wenn es um Kleidung geht! Ich stelle mich regelmäßig vor meinen Schrank und sortiere aus. Das tut so krass gut, ich kann euch das nur empfehlen. Ich denke, wenn man Teile zwei bis drei Jahre nicht mehr anhatte, kann man sie auch guten Gewissens weiterziehen lassen. Mit denen muss man es nicht länger probieren. Und wenn man zu Hause keinen Dachboden hat, wo man die Kleidungsstücke alle horten kann, sollte man sich möglichst schnell verabschieden.

Das Großartige in Berlin ist, dass man hier eine Kiste mit Zeug auf den Bürgersteig stellen kann, und zwei Stunden später hat alles einen neuen Besitzer gefunden. Genial! Wenn ihr also auf meinen Style steht und meine aussortierten Kleidungsstücke auftragen wollt, solltet ihr euch im Prenzlauer Berg auf die Lauer legen.

Meiner Mutter gebe ich aber auch gerne meine Klamotten, sie ist eine dankbare Abnehmerin. Mama freut sich wirklich über jeden Scheiß, den ich ihr gebe. Und zum Glück hat sie massig Platz zu Hause und kann mein Zeug horten. Manchmal sehe ich eines meiner alten Teile an ihr und denke: »Ah, das gibt's ja auch noch. Eigentlich ganz nice.« Und dann frage ich sie, ob ich es zurückhaben darf.

Was ich mit meinen alten Sachen aber auf keinen Fall mehr mache, ist, sie bei eBay-Kleinanzeigen oder Vinted (früher hieß das Kleiderkreisel) reinzustellen. Die Konversationen, die da entstehen, sind einfach nur unfassbar nervig.

»Ist die Hose noch da?«

»Ja.«

»Welche Größe?«

Alter, steht doch in der Beschreibung!

»Kannst du mal die Beinlänge ausmessen?«

Och nö!

Und nein, ich möchte meine Levi's-Jeans nicht gegen deine Pimkie-Unterhose tauschen! Also echt, bevor ich Pickel bekomme, verschenke ich die Sachen lieber.

Jetzt noch ein paar Worte zum Thema »schick ausgehen«.

Je älter ich werde, desto häufiger denke ich mir: »Für wen oder was foltere ich mich hier eigentlich?« Ey, was ich mir früher auf den roten Teppichen dieser Republik angetan habe, das ist echt erbärmlich. Und das, obwohl sich in Wirklichkeit kein Schwein für mich interessiert hat. Muss man ja auch mal sagen, wie es ist. Dann stehst du da auf dem roten Teppich in deinen Mörder-Heels, der große Zeh ist schon schmerzhaft gequetscht. Vor dir ist so ein Promi an der Reihe und wird wie verrückt von den Fotografen abgelichtet, und keiner schreit deinen Namen. Traurig! Da hätte es echt mehr Sinn gemacht, mit meinen geliebten Plateau-Crocs aufzulaufen. Mehr Spaß, weniger Schmerz.

Ganz im Ernst, wir müssen echt mal auf uns selbst klarkommen und uns die Frage stellen, warum zur Hölle wir Schuhe tragen, in den wir nicht LAUFEN können. Am besten noch auf einer Hochzeit, bei der rund um die Kirche alles voller Kopfsteinpflaster ist. Und dann in den Stöckelschuhen den Kleinkindern hinterherrennen. Game over!

Eine echte Alternative zu High Heels sind meiner Meinung nach coole Stiefel. Generell gilt: Je größer und klobiger der Schuh ist, umso schlanker wirken Fuß und Bein. Das ist wie eine optische Täuschung. Und jetzt wisst ihr auch, weshalb ich meine Plateau-Crocs so sehr liebe: Sie lassen meine Stampfer wie die Füßchen einer Fee wirken.

Wenn einem bequemes Schuhwerk immer wichtiger wird, ist das auch ein erstes Anzeichen dafür, dass man erwachsen wird.

Das zweite Zeichen ist, dass es einem nicht mehr so leichtfällt, nuttig bei einer Party aufzutauchen. Meine Freundin Marie Nasemann schmiss zu ihrem Geburtstag eine Mottoparty. Yay! Solche Gelegenheiten – wie auch Fasching und Halloween – nutzen Frauen ja gerne, um sich sexy zu verkleiden. Das Motto dieser Party war: M! Man sollte sich also etwas ausdenken, was mit M anfängt. Ich dachte an Mariah Carey und zwängte mich in ein superenges Glitzerkleid – wenn schon, denn schon. Beim Blick in den Spiegel fühlte ich mich aber krass unwohl, ich sah aus wie eine Prostituierte von einem Edel-Escortservice. Ein völlig neues Gefühl für mich, auf einmal eine Erwachsene zu sein, die Schamgefühl hat. Und wisst ihr was? Das Glitzerkleid wanderte zurück in den Schrank. Ich bin dann als Magierin auf Maries Party erschienen. Simsalabim!

Kapitel 22

NATURSTONED

Ich sage euch, wie es ist: Ich bin eigentlich gar keine richtige Partymaus. Ich bin mir sicher, dass ihr jetzt denkt: Kann ja wohl nicht sein! Tatsache aber ist, dass die perfekte Partynacht für mich so aussieht: Ich hänge mit ein paar Freunden zu Hause rum, wir hören Gute-Laune-Musik und essen lecker. Am besten Pasta oder irgendwas mit Käse überbacken wie zum Beispiel Raclette, Lasagne oder Pizza. Yum! Dann spielen wir ein Spiel, ich habe ganz leicht einen sitzen – und nachts um eins lege ich mich schlafen. Love it!

Karaoke finde ich übrigens auch großartig, am liebsten in einer gemütlichen Kneipe, in der die Gipsy Kings und Marianne Rosenberg laufen.

Aber natürlich war ich auch schon verdammt ausgiebig Partymachen in meinem Leben, vor allem in meiner Zeit in Hamburg. Da war ich oft auf der Reeperbahn unterwegs und feierte wild in irgendwelchen Pennerkneipen. Dort wird die geilste Musik aufgelegt, Schlager und Songs von Modern Talking. Auf so eine Mucke stehe ich beim Feiern einfach, das macht total gute Laune, und ich sage Ja zum Leben!

Eines kann ich euch sagen: Ich kenne niemanden, der so

wenig Alkohol verträgt wie ich, deswegen trinke ich nicht besonders viel. Ich bin einfach in kürzester Zeit dicht, und mein Körper zeigt mir auch sehr deutlich, dass es nicht mehr weitergeht.

Ich weiß mittlerweile auch, was mir nicht guttut. Und dazu gehört: zwei Tage hintereinander Alkohol zu trinken. Geht nicht, mich würgt es dann richtig, weil mein Körper das einfach nicht möchte.

In meiner Familie vertragen alle keinen Alkohol, meinen Vater habe ich in meinem ganzen Leben nur ein einziges Mal angetrunken gesehen – was aber sehr lustig war. Mein Papa erzählt auch immer voller Schrecken von seinem einzigen Rausch, den er als junger Mann hatte. Irgendwas stimmt vielleicht mit unseren Genen nicht, keine Ahnung. Sogar ein gutes Glas Wein ist für mich kein Hochgenuss.

Wenn ich mal einen im Tee habe, bin ich noch lustiger als sonst – aber auch noch viel peinlicher. Ich kann mir am nächsten Tag kaum die Fotos reinziehen, die meine Freunde von mir gemacht haben. Ich bin durch meine gute Laune ja eigentlich schon nüchtern die ganze Zeit stoned und traue mich mehr Dinge, als sich die meisten nur betrunken oder bedrogt trauen würden. Deshalb denken Leute, die mich nicht so gut kennen, auch gerne mal, dass ich gekokst habe oder hackedicht bin. Bei mir ist das aber der Normalzustand. Wozu sollte eine wie ich also noch Drogen nehmen oder viel trinken?

Ich könnte euch tausend irre Geschichten erzählen, die passiert sind, als ich nachts losgezogen bin. In einem Hamburger Club habe ich mal Faxen auf der Treppe gemacht und mir so krass den Kopf an der niedrigen Decke gestoßen, dass ich wie eine Bowlingkugel nach unten gerollt bin.

Einmal hat mich Vroni in Hamburg besucht, und wir wollten unbedingt in den größten Stripclub auf der Reeperbahn gehen. Erst mussten wir den Türsteher ewig zulabern, dass er uns umsonst reinlässt. Irgendwann hatte er Erbarmen mit uns. Der Club war komplett leer, und wir haben uns ganz vorne an der Drehscheibe platziert. Der Anblick der Tänzerinnen hat irgendwas mit Vroni gemacht. Auf einmal machte sie einen auf Sozialarbeiterin und quatschte die ganze Zeit die Tänzerinnen an, ob sie ihnen denn helfen könne. Vroni sah an dem Abend auch noch aus wie eine Wahrsagerin: Weil sie sich vorher die Haare selbst blondiert hatte und das offensichtlich ein Fail war, waren ihre Haare abgebrochen. Also hat sie sich einen komischen Turban gebastelt. Die Tänzerinnen jedenfalls waren ziemlich genervt, weil sie doch einfach ihren Job machen wollten. Irgendwie kam Vroni aber doch noch mit einer ins Gespräch und war dann zufrieden. Sozialarbeit im Stripclub. Ciao!

Auch wenn ich nicht das größte Feierbiest bin, packt auch mich hin und wieder die Lust, in einen Club zu gehen. Mit Anfang 20 war ich mit einem Kumpel mal für ein Wochenende in Berlin. Und dann dachten wir beiden Bauern, wir gehen jetzt ins Berghain, wenn der schon als der beste Club der Welt gilt. Wir sind also tatsächlich hingefahren und sehen, dass da eine Schlange bis nach Buxtehude ansteht. Na toll!

Mir war sofort klar, dass ich auf keinen Fall hier die halbe Nacht anstehe, um dann am Ende vielleicht doch nicht reinzukommen. Also ließ ich meinen Kumpel und seinen Freund in der Schlange stehen und dackelte ganz nach vorne bis zum Türsteher. Dauerte eine Ewigkeit! Mein Outfit an diesem Abend: Ich hatte funky-grüne und ziemlich billige Pumps an, wie man sie nur von Escort-Ladys kennt. Ich konnte kaum laufen in den Teilen – und heute würde ich mich in so unbequeme Schuhe auch nicht mehr reinzwängen. Dazu trug ich eine Fake-Lederhose und eine Weste mit Fake-Pelz. Rückblickend betrachtet sah das richtig scheiße aus, Dorf-Schick in der Großstadt. Aber ich wollte unbedingt edel rüberkommen, weil mein Kumpel und sein Freund auch so nach Kitzbühel aussahen.

In meinem jugendlichen Leichtsinn ging ich also auf den Türsteher zu und rief:

»Häää, heeyyy!«

Er guckt mich ganz irritiert an und meint so etwas wie: »Wer bist du denn?«

Und ich wieder nur so: »Häää, heeyyy!«

Auf einmal antwortet der Türsteher »HEEYYY!« –

»Ich bin heute mit zwei Freunden da, können wir rein?«

Und er antwortete ernsthaft: »Ja«

Ich konnte mein Glück kaum fassen und suchte meine Freunde in der Schlange, um sie nach vorne zu holen. Das war das Schwierigste an der ganzen Sache: Die beiden haben sich nämlich nicht getraut, an der wartenden Menschenmenge vorbeizugehen, weil sie dachten, ich verarsche sie. Ich rief laut: »Bewegt eure fetten Ärsche jetzt nach vorne«, und winkte wild. Es war wirklich wie bei einem peinlichen Bauerntheater.

Irgendwann haben sie es geschnallt, und wir sind tatsächlich wie die VIP-Stammgäste ins Berghain eingelaufen.

Zwei Jahre später habe ich denselben Versuch noch einmal unternommen. Es hat nicht funktioniert. Ich musste den ganzen beschissenen Weg an der endlos langen Schlange entlang zurückgehen. Das ist wirklich der Walk of Shame, Leute.

Auf der anderen Seite: Manche Dinge muss man im Leben

einfach probieren. Wenn sie klappen, ist es genial. Und wenn nicht, dann muss man halt in der Warteschlange ausharren. Aber im Grunde hat man ja nichts zu verlieren (bis auf die eigene Würde, aber so wichtig ist die auch nicht).

Man sollte sich generell im Leben die Frage stellen, ob man sich aus Prinzip in die Schlange stellt oder auch mal etwas wagt. Und sich etwas zu trauen, finde ich immer die bessere Wahl!

Wirklich, Leute, ich bin in so viele Clubs nicht reingekommen, weil mir die Warterei in der Schlange zu langweilig war und ich dann ein bisschen lustig (also auffällig) wurde. Und das finden die Türsteher leider oft schon wieder scheiße und haben keinen Bock mehr, dich reinzulassen.

Aber ich sehe es einfach nicht ein, mucksmäuschenstill und brav wie eine Klosterschülerin zwei Stunden lang in der Schlange zu stehen, um dann zu hören: »Heute nur Stammgäste.« Da mache ich mir doch lieber eine nette Zeit in der Schlange.

Bevor mein Mann und ich Kinder hatten, haben wir uns öfter ein Spielchen daraus gemacht und versucht, uns mit ganz schlechten Tricks an der Tür vorbeizumogeln. Hat fast nie funktioniert. Spaß hat es trotzdem gemacht. Wer schreibt eigentlich vor, dass die Leute in der Schlange keine Faxen machen dürfen? Finde ich krass schade, ganz ehrlich. Irgendwie nimmt das einem doch die Freude am Ausgehen.

Da lobe ich mir doch eine gemütliche Hamburger Kneipe, in der ein paar Leute »You're my heart, you're my soul« trällern und das Leben feiern. Party on, Bitches!

Kapitel 23

LIEBESKUMMER & SCHEIDENPILZ

Mädels, lasst uns noch mal ein bisschen über die Liebe reden. Ich habe so fast alle Irrungen und Wirrungen mitgemacht, die man sich in Sachen Liebe so vorstellen kann. Und deswegen darf ich euch auch sagen: Es ist auch (und vor allem!) in Partnerschaften wahnsinnig wichtig, bei sich zu bleiben und auf den eigenen Körper zu hören. Und das geht am besten, indem man sich selbst nimmt und respektiert, wie man ist. Fangen wir von vorne an.

Das erste Mal mit einem Typen gegangen bin ich in der siebten Klasse. Das war schon eine große Sache für mich, denn ich hatte es als hässliches Entlein endlich geschafft, einen abzubekommen. Wow! Damals trug ich immer eine Che-Guevara-Tasche bei mir, und mein Hobby war, in allen meinen Sachen Brandlöcher zu hinterlassen. Ich trug eine Schlaghose mit Rock darüber, sah also ziemlich panne aus.

Mein erster richtiger Crush hingegen war eher so der Schnösel, und ich weiß bis heute nicht, was da mit mir los war. Das hat nämlich so offensichtlich gar nicht gepasst zwischen uns beiden. Er war wohl ein bisschen schneller in der

Birne als ich und sagte mir auf dem Schulhof, dass es aus wäre zwischen uns. Da war unsere Beziehung zwei Wochen alt. Autsch! Das war das erste und eigentlich auch einzige Mal, dass jemand mit mir Schluss gemacht hat. Trotzdem hatte ich noch zwei weitere Male in meinem Leben richtig schlimmen Liebeskummer.

Meine erste große Liebe war der Skater. Ihr erinnert euch an ihn, oder? Nach zwei Jahren habe ich Schluss gemacht, weil wir uns auseinandergelebt hatten. (Auch geil, das in dem Alter schon als Trennungsgrund anzugeben.)

Bei solchen Jugendlieben ist es ja ganz häufig so, dass der eine schon reifer ist und einen Schritt weitergehen will im Leben, aber der andere in die andere Richtung geht oder gar keinen Bock hat, irgendwohin zu gehen. An meinem 18. Geburtstag habe ich dann auch noch fremdgeknutscht, mein Freund hat schrecklicherweise die E-Mails gelesen, die ich dazu mit dem Knutscher geschrieben hatte. Trotzdem hat er es nicht beendet. Die ganzen Umstände haben mir auch wahnsinnig leidgetan, ich fand das alles wirklich sehr uncool von mir und fand es nur konsequent, selbst Schluss zu machen.

Irgendwann viel später habe ich das noch mal getan: dass ich in einer Beziehung war und fremdgeknutscht habe. Ich habe mich danach so krass schäbig gefühlt, dass ich zum ersten Mal in meinem Leben konsequent Stillschweigen über etwas bewahrt habe. Ihr wisst ja, dass ich immer über ALLES reden muss. In diesem Fall war es aber so, dass ich mich und das Geknutsche so schrecklich fand, dass ich das alles einfach nur verdrängen wollte. Ich tat also so, als wäre nie etwas passiert.

Wirklich, Betrügen ist das Schlimmste, was man machen kann. Hand aufs Herz, mehr als Knutschen ist bei mir auch nie passiert, dazu wäre ich gar nicht in der Lage. Und ich finde, dass man sich vor dem Fremdgehen unbedingt überlegen sollte, wie es für einen selbst wäre, wenn der Partner oder die Partnerin mit jemand anderem rummachen oder ins Bett gehen würde.

Wenn man merkt, dass man unglücklich in der Beziehung ist oder den anderen nicht mehr liebt, dann sollte man wirklich die Eier in der Hose haben und Schluss machen. Fremdgehen ist da definitiv nicht die Lösung und verursacht nur gebrochene Herzen.

Habt ihr euch schon einmal überlegt, ob eine offene Beziehung ein gutes Modell für euch wäre? Ich finde das echt krass, wenn die Leute so etwas können. Und ich kenne auch ein paar Paare, die das so leben. Mir persönlich reißt es schon bei dem Gedanken das Herz heraus, meinen Mann mit anderen Frauen teilen zu müssen. Also kein Modell für mich. Obwohl ich den Gedanken natürlich nachvollziehen kann. Ich denke mir auch manchmal: »Fuck ey, wahrscheinlich werde ich nie wieder dieses krasse Gefühl erleben, mit jemandem das erste Mal Sex zu haben.« Das ist nämlich schon etwas Geiles, keine Frage. Auf der anderen Seite ist eine Partnerschaft, in der das Allermeiste stimmt, das Beste auf der Welt, und wir alle müssen unendlich dankbar sein, wenn wir unser passendes Deckelchen gefunden haben.

Nach dem Skater war ich erst mal sehr lange Single. Mir ist niemand über den Weg gelaufen, den ich ansatzweise attraktiv fand. Nach einer Weile hatte ich aber Angst, nie wieder jemanden zu treffen und für immer allein zu bleiben. Was gerade in dem Alter natürlich vollkommender Quatsch ist, aber so fühlte es sich damals eben an.

Also habe ich mir eingebildet, dass ich meinen Ex unbedingt zurückhaben müsste, weil er die Liebe meines Lebens ist. Aber weil ich ihm vorher so doll das Herz gebrochen und ihn verletzt hatte, wollte er mich nicht mehr zurückhaben. Das war richtig schlimm für mich, da habe ich übel gelitten. Ich stand hysterisch weinend vor seiner Haustür und bat ihn darum, mich zurückzunehmen. Ich rief auch total psycho immer wieder bei ihm an in der Hoffnung, ihn überzeugen zu können. Das war schon richtig peinlich. Und das alles zwei Jahre nach unserer Trennung, Leute! Ich hatte mich da irgendwie so reingesteigert, dass ich dachte, ich sterbe, wenn das nichts mehr wird zwischen uns.

Ich sag ja, ich bin eine Dramaqueen.

Als ich später in Hamburg lebte, war ich total in einen Kerl verknallt. Der wollte mich aber nicht – und ich war mittlerweile mega desperate, weil ich dachte, dass ich für immer Single bleiben werde. Zu dem Zeitpunkt war ich seit fünf Jahren Single und hatte seit zwei Jahren keinen Sex mehr gehabt. Meinen Eltern habe ich erzählt, dass ich mir sicher sei, alleine sterben zu müssen.

Dabei waren damals viele Singles um mich herum. Es war also nicht so, dass alle meine Freunde in einer Beziehung gesteckt hätten und ich wie Bridget Jones samstagabends als einzige Singlefrau bei einem Pärchenabend dabeigesessen hätte wie das fünfte Rad am Wagen. Trotzdem kam es mir merkwürdig vor, dass ich so lange niemanden fand.

Diesem Typen in Hamburg bin ich in meiner Verzweiflung

wohl ziemlich auf den Keks gegangen. Irgendwann hat er mich dann auch geghosted (noch bevor man das so nannte), er hat sich also komplett aus dem Staub gemacht und nie wieder gemeldet.

Ganz ehrlich, dieses Gefühl, dass dich jemand nicht will, ist total ätzend. Ich bin in solchen Situationen unfassbar theatralisch und komme zwei Wochen lang nicht mehr aus dem Bett, weil ich so sehr leide. Das Absurde daran ist, dass ich mit diesem Typen aus Hamburg nie zusammen war, noch nicht mal ein zweites Date hatte und deshalb gar nicht genau wusste, um was ich hier eigentlich heule. Aber es hat mich einfach so krass gewurmt, dass er mich nicht wollte, und ich fühlte mich wie die allerletzte Olle.

Ganz ehrlich, Leute, solche Gefühle sind großer Mist und tun niemandem gut. Daten kann zwar witzig sein, ist in Wahrheit aber oft auch einfach nur shitty und purer Stress. Ich sehe mich noch, wie oft ich abends frustriert nach Hause gegangen bin, weil ich dachte, es gibt da draußen niemanden, der zu mir passt.

Wenn euch so etwas mal passiert, wenn euch also jemand ablehnt und ihr damit nur schwer klarkommt, weil Ablehnung immer ein Arschloch ist, dann konzentriert euch unbedingt auf die Menschen, die euch lieben und mögen. Und auch wenn das in der Situation sehr schwer und kaum möglich ist:

> Versucht, euch das alles nicht zu sehr zu Herzen zu nehmen oder als Generalkritik an euch zu verstehen. Das Allerschlimmste ist, in so einer Situation in Selbstmitleid zu verfallen und es sich in der Opferrolle so richtig gemütlich zu machen.

Und wenn ihr wirklich mal Liebeskummer habt – was ich euch nicht wünsche –, dann kann ich euch nur raten, das Leben so schnell wie möglich wieder anzugehen. Ablenkung ist jetzt das A und O. Tatsächlich kann man leider gar nicht besonders viel mehr tun, als sich abzulenken.

Das Problem daran ist halt, dass man erst einmal seinen Arsch aus den Federn kriegen muss, um mit dem Ablenken überhaupt anfangen zu können. Das zu schaffen ist die erste Hürde.

Und dann:

Geht raus, tut euch etwas Gutes, bucht euch einen Termin im Nagelstudio oder bei der Massage.

Macht euch schick und flirtet mit jedem, der euch in die Quere kommt.

Ich weiß, dass es krass wehtut, wenn einem das Herz gebrochen wird. Aber es ist definitiv nicht das Ende der Welt, auch wenn es sich erst einmal so anfühlt.

Und wirklich, ich bin fest davon überzeugt, dass das Leben für uns alle in Sachen Liebe ein Happy End bereithält. Also versucht, es mal so zu sehen:

Dass es mit diesem einen Typen nicht geklappt hat, hält für euch die Chance bereit, die Liebe eures Lebens kennenzulernen.

Noch schlimmer, als verlassen zu werden, ist allerdings, in einer Beziehung mit einem Bad Boy gefangen zu sein. Mit einem, der dich mies behandelt. Das kann eine endlose Nummer sein, aus der man mit eigener Kraft nur sehr schwer wieder herauskommt.

Ich war zum Glück immer nur mit netten (und manchmal

eben auch langweiligen) Jungs zusammen, deshalb kann ich überhaupt nicht nachvollziehen, was einen da reitet, sich mit einem Bad Boy einzulassen. Für mich haben diese Typen so gar nichts an sich.

Wenn es euch aber passiert sein sollte, dass ihr einem Bad Boy verfallen seid, dann fragt euch mal: Warum wollt ihr mit so jemandem zusammen sein? Liegt es vielleicht daran, dass ihr unbedingt geliebt werden wollt und die ganze Zeit auf eine Besserung der Situation hofft? Ey, das wird nicht passieren. Lasst das nicht mit euch machen!

Wenn man sehenden Auges immer wieder in Beziehungen schlittert, in denen man um die Zuneigung des Partners zittern muss, dann stimmt etwas nicht, und da sollte man dann mal genau hinschauen.

Wobei ich unbedingt noch mal betonen möchte, dass ich mein Leben lang Glück mit den Männern hatte. Ich habe auch bei Dates nie etwas Schreckliches erlebt – also nur Peinlichkeiten, aber das ist ja nur in dem Moment schrecklich.

Dating-Apps wie Tinder, Bumble, OkCupid und Co. sind für Leute wie mich perfekt. Ihr müsst wissen, dass ich ein richtiges Flirtopfer bin. Ich konnte das immer nicht: einfach auf jemanden zugehen, der mir gefiel. Da kann ich im wahren Leben noch so schlagfertig und furchtlos sein … Aber wenn ich jemanden wirklich toll fand, wurde ich zum kleinen Zwerg.

Mein Ding aber war, dass ich lange Zeit auf eher zurückhaltende Männer stand. Die waren teilweise so schüchtern, dass es ziemlich schnell aus war. Irgendwie dachte ich, da kommt noch was, da steckt noch was dahinter. Den kann ich ergründen und erwecken. Heute weiß ich, dass ich jemanden brauche, der Gas geben kann. Der auch mal explodiert, der laut ist und mich entertaint, der die Dinge in die Hand nimmt.

So etwas muss in einer Beziehung unbedingt ausgewogen sein. Es bringt nichts, wenn immer nur einer die Ideen hat, die Witze macht, der Antreiber ist und der andere immer nur mitmacht. Das muss irgendwie Fairplay sein und sich die Waage halten.

Bei Alex und mir ist es auch im Alltag so, dass wir versuchen, uns alle Bereiche des Lebens fair aufzuteilen, zum Beispiel was Kinderbetreuung und Haushalt betrifft. Alex ist derjenige, der immer kocht und Urlaube plant. Und ich räume auf, kümmere mich um Organisatorisches. Das ist natürlich Küchenpsychologie, aber so gehe ich an die Sache ran.

Wovon ich fest überzeugt bin: Mein Körper sendet mir klare Signale, ob ein Mann der Richtige für mich ist. Und er lässt es dann auch richtig eskalieren, um mir zu zeigen, dass ich an der falschen Adresse bin.

Erstens habe ich keine Lust auf Sex.

Und zweitens: Ich bekomme Scheidenpilz!

Ganz ehrlich, Leute, Scheidenpilz ist das Allerletzte, das hat wirklich niemand verdient. Die Scheide ist zwar ein relativ kleiner Bereich unseres Körpers, aber wenn du dich untenrum unwohl fühlst, betrifft das dein gesamtes Dasein. Du kannst keinen klaren Gedanken mehr fassen, bis der Pilz wieder weg ist. Das Schlimme ist ja auch, dass man bei einem Scheidenpilz nicht sofort etwas unternehmen kann. Nein, man muss geduldig bis abends warten, damit man sich so ein Zäpfchen einführen kann. Und dann fließt die ganze Nacht diese Zäpf-chenflüssigkeit wieder aus dir heraus. Schrecklich!

Das Geilste ist, wenn ich merke, dass ein Pilz im Anmarsch ist, und ich dann irgendwo zwischen meinen Nagellacken und der Bodylotion im Bad noch eine alte Pilzcreme finde, die da schon länger rumfliegt. Obwohl ich mir nicht sicher bin, ob sie noch haltbar ist, riskiere ich es meistens trotzdem, weil ich so verzweifelt bin und unbedingt möchte, dass dieses Gejucke so schnell wie möglich aufhört.

Dramatisch wird es, wenn man mit einem Typen zusammen ist, mit dem man noch nicht offen reden kann. Er hat Lust auf Sex. »Äh, sorry, Schatz, ich habe Scheidenpilz!« Ganz im Ernst, das geht keiner Frau leicht über die Lippen. Wahrscheinlich nicht mal, wenn man zehn Jahre verheiratet ist. Ich persönlich habe da immer offen drüber gesprochen, ein prickelndes Thema ist es aber trotzdem nicht.

Es klingt ein bisschen verrückt, aber ich glaube wirklich, dass man die wahre Liebe auch an solchen Dingen wie einem Scheidenpilz erkennen kann. Also besser gesagt daran, dass körperliche Erscheinungen dieser Art erst gar nicht auftreten.

Wenn euer Körper euch sagt, dass ihr nicht zusammenpasst, solltet ihr diesen Hinweis unbedingt ernst nehmen. Sexualität ist eben ein wichtiger Faktor in einer Beziehung. Es hat echt etwas Magisches, wenn man sich so krass zu jemandem hingezogen fühlt und wenn das mit dem Sex so ein Selbstläufer ist. Diese Liebe kann man auch nicht in Worte fassen. Sie ist nicht etwa so stark, weil jemand geil aussieht oder einen guten Humor hat. Da passiert noch etwas auf einer anderen Ebene, was total schwer zu beschreiben ist.

Auf jeden Fall ist es der Jackpot, wenn man diese Person trifft.

Für eine richtige Lovestory braucht es dreimal ein dickes, fettes JA:

vom Herzen,

vom Kopf

und von der Scheide.

Kapitel 24

FINITO UND EIN HAPPY END

Vor Alex hatte ich eine zweijährige Beziehung, mit dem habe ich in Berlin auch zusammengewohnt. Wir nennen ihn Johannes, seinen echten Namen verrate ich natürlich nicht. Vor ihm hatte ich allesamt kurze Lieben von etwa zwei bis vier Wochen.

Ich bin eine, die sich wahnsinnig schnell begeistern kann für einen Mann. Diese Begeisterung flacht aber auch genauso schnell wieder ab.

Wenn man aber zusammen eine Wohnung hat und auch den Freundeskreis miteinander teilt, ist das eine ganz andere Kiste. Da ist nicht so schnell finito, wie es vielleicht gesund wäre. In meinem Fall war es so, dass ich mich ganz lange innerlich – im Grunde also heimlich – von Johannes getrennt hatte. Und als ich es dann endlich ausgesprochen hatte, war ich schon so krass over it, das war fast schon ein bisschen unheimlich.

Was ich an so einem Liebesende immer wieder irre finde, ist der Umstand, dass man mit jemandem krass intim zusammenlebt, dass er der wichtigste Mensch im Leben ist und man jede Scheiße miteinander teilt. Und von einem Tag auf den anderen ist es vorbei. Du kannst gar nichts mehr mit dieser Person anfangen, das ist wirklich hart. Bei meinem Ex-Freund war es so, dass ich alles von ihm wusste, wir haben das ganze Leben miteinander geteilt, jede Nacht im selben Bett geschlafen. Wir haben fast alles zusammen unternommen – und auf einmal löst sich das alles in Luft auf. Dann habt ihr keinen Kontakt mehr, und irgendwie interessiert dich sein Leben nur noch einen feuchten Furz. Schlimmer noch: Man findet den anderen sogar leicht kacke.

Die Liebe mit Johannes jedenfalls hat mir ganz klar gezeigt, was ich in einer Beziehung brauche. Insofern ist keine Liebe umsonst, denn sie wird euch immer etwas lehren oder eine Facette von euch zeigen.

Wenn ich was vom Leben und der Liebe gelernt habe, dann das: Auch wenn man schon einen langen Weg gemeinsam gegangen ist, wenn man zusammenwohnt, und auch, wenn man erst einmal Angst vorm Alleinsein hat, solltet ihr euch trennen, wenn ihr nicht mehr glücklich seid oder wenn euch der Kerl auf den Sack geht. Das ist jetzt ein hartes Beispiel, aber ich muss es euch erzählen. Mit einem meiner Ex-Freunde war ich auf eine Hochzeit eingeladen, da war ich schon nicht mehr happy mit ihm. Ich dachte mir wirklich bei jedem einzelnen Mann, der auch zu Gast auf dieser Hochzeit war: »Ach, wenn … doch ein kleines bisschen so wäre wie er.« Ganz ehrlich: Wenn ihr solche Gedanken habt, müsst ihr den Schritt in die Freiheit echt wagen. Auch wenn die Angst vor den Konsequenzen riesengroß ist, keine Frage. Aber wenn man merkt, dass einen der Partner nur noch stört, dass einen so vieles nervt, dann ist es Zeit weiterzuziehen.

Es ist ja auch so, dass ihr den anderen blockiert. Ihr seid nicht glücklich mit ihm, schön und gut. Aber dann lasst ihn doch bitte frei. Man muss auch ihm die Chance geben, das große Glück zu finden. Wenn man den anderen auch nur ein bisschen mag, sollte man ihm die Möglichkeit geben, jemanden zu finden, der ihn wirklich großartig findet. Und bitte, bitte, gebt auch euch die Chance, glücklich zu sein – auch wenn das einen harten Cut erfordert. Und ja, manchmal muss man sich auch wirklich die Frage stellen, ob man nicht alleine happier wäre.

Ich habe immer sehr deutlich gemerkt, wenn ich die Beziehung nicht mehr ertrage. Da kroch von jetzt auf gleich so eine ganz bestimmte Übelkeit in mir hoch. Wenn die da war, war das ein sicheres Zeichen dafür, dass ich die Scheiße megaschnell beenden musste.

Ich bin dann auch nicht in der Lage, meine Gefühle wegzulächeln oder zu überspielen. Keinen fucking Tag lang. Wäre ja auch unfair, man muss in der Liebe schließlich mit offenen Karten spielen.

Worauf ich immer großen Wert gelegt habe beim Schlussmachen, war ein persönliches Gespräch unter vier Augen. Ich habe nie bloß eine Nachricht geschrieben, per Telefon Schluss gemacht oder gar geghosted. Auch wenn diese Gespräche echt schwer für mich waren – wer beendet schon gerne eine Beziehung? Immer beschissen.

Natürlich schwingt immer auch ein schlechtes Gewissen mit. Niemand tut gerne jemandem weh. Teilweise konnten meine Ex-Freunde nicht verstehen, warum ich gefühlt aus dem Nichts heraus Schluss machen wollte. Kann ich auch verstehen. Aber ich kann ja auch nichts für meine plötzliche Übelkeit. Ich wusste nur, dass ich auf dieses Zeichen hören musste. Meistens habe ich dann einfach die Schuld auf mich genommen und gesagt, dass ich gerade einfach nicht kann. Dass es an meiner aktuellen Lebenssituation liegt. Ich finde, das kann man ruhig so machen, weil es den anderen ja eh schon genug schmerzt, verlassen zu werden. Da muss man ihm nicht noch zusätzlich aufs Brot schmieren, wie scheiße man ihn mittlerweile vielleicht findet. Also ja, ich habe ein paar gebrochene Herzen hinterlassen auf meinem Weg.

Aber: Dieses absolut geile Freiheitsgefühl nach dem Schlussmachen ist das Beste überhaupt! Ich habe mich dann immer wie ein Zirkuspferd gefühlt, das aus dem Stall befreit wurde und endlich wieder über die Weide galoppieren kann. Whoohooo! Voller Energie. Und das Tollste an Trennungen ist, dass man vor lauter Galoppieren erst mal keinen Hunger mehr hat und abnimmt.

Manche Männer kommen allerdings überhaupt nicht drauf klar, wenn die Frau Schluss macht. Einer hat mir nach der Trennung noch weiter geschrieben und meinte, ich befände mich in einem Tunnel und er würde am Ende des Tunnels stehen und auf mich warten. Und ich dachte mir nur: »Alter, geh einfach von dem Tunnel weg und lass mich in Frieden.«

Ein anderer war ziemlich sauer, nachdem ich ihn verlassen hatte. Vor meinem Haus in Hamburg setzte er sich in sein Auto und ließ die Reifen so richtig assi durchdrehen und fuhr dann mit vollem Karacho davon, damit es auch wirklich die ganze Nachbarschaft hören konnte, dass er gerade richtig pissed war.

Mir war sein Verhalten so peinlich, dass ich den ganzen Tag die Wohnung nicht mehr verlassen habe.

Wisst ihr, wenn ich so über die Liebe nachdenke und meine vielen kleineren und wenigen großen Beziehungen Revue passieren lasse, komme ich zu dem Punkt, dass ich auch gerne mit mir zusammen wäre. Also wenn ich nicht ich wäre.

Ohne Scheiß, ich glaube, ich bin eine geile Partnerin, auch wenn ich ohne Zweifel krass anstrengend sein kann. Und versteht mich bitte nicht falsch: Ich bin natürlich nicht der Meinung, dass ich perfekt bin. Ich war lange Zeit mit etlichen Bereichen meines Körpers unzufrieden und deshalb auch sehr unsicher. Trotzdem fand ich immer, dass ich eine coole Socke sein kann. Ich habe grundsätzlich so viel Bock aufs Leben, deshalb kann man mit mir wirklich eine gute Zeit haben. Einfach, weil ich meistens beste Laune habe und die auch verbreite.

> Ich finde, es ist eine ganz gute Denkübung, sich mal zu überlegen, ob man mit sich selbst zusammen sein wollen würde. Und irgendwie wäre es doch krass schade, wenn man die Frage mit Nein beantwortet. Das würde ja bedeuten, dass man sich selbst gar nicht lieb hat.

So, und jetzt kommen wir aber mal zum versprochenen Happy End.

Eine Woche, nachdem mit meinem Ex-Freund Schluss war, traf ich Alex. Ich erzählte meinen Eltern gleich nach dem ersten Date von ihm, aber die dachten, jetzt kommt nur mein nächstes Opfer, das ich nach 14 Tagen absäge. Aber ich wusste gleich, dass Alex mein Mr Right ist. Ich hätte ihn am liebsten nach zehn Tagen geheiratet.

Das habe ich ihm auch gesagt, aber Alex hat das überhaupt nicht ernst genommen. Er dachte, ich mache einen Witz.

Aber ich Vollhorst habe es WIRKLICH SO GEMEINT, weil ich wusste, dass er die Liebe meines Lebens ist.

Deshalb habe ich ab diesem Tag auch auf den Heiratsantrag gewartet, aber der kam nicht. Und so wurde das mit dem Heiraten auch ein kleines Drama bei uns. Alex hatte es überhaupt nicht eilig mit der Ehe und war in dem Moment auch noch gar nicht bereit. Für mich wurde das aber so immer mehr zum Thema, weil ich von Tag eins an die Hochzeitsglocken läuten hörte. Irgendwann wurde ich sogar richtig sauer. Weil ich den so gern heiraten wollte und der mir einfach keinen Antrag gemacht hat. Bei jedem Heiratsantrag um uns herum musste ich schon losheulen.

Alex kann ein krasser Sturkopf sein, und wahrscheinlich dachte er sich, dass er sich von mir jetzt keinen Meter unter Druck setzen lässt mit einer so großen Sache wie der Ehe. Und falls ihr euch wundert: Ja, ich wollte den Antrag von ihm. Auch wenn das jetzt so gar nicht nach Feministin und Frau-die-mitten-im-Leben-steht klingt, I know. Aber so war es eben.

ER SOLLTE MICH FRAGEN. BASTA.

Und wenn Alex mir nicht den krassesten Ring der Welt angesteckt hätte, dann hätte ich ihm das vielleicht auch nicht verziehen. Das war so ein Pharaonenring von meinem Lieblingsjuwelier.

Alex wusste, dass ich den Ring ultraschön finde. Und trotzdem kam der Antrag für mich viel zu spät.

Nach fucking zwei Jahren.

Ich habe meinen Alex dann hochschwanger in einem Zara-Kleid für 35,99 Euro geheiratet, in einem wunderschönen alten Standesamt in meiner Heimatstadt Regensburg. Wir waren nur im engsten Familienkreis, alles passierte genau so, wie ich es mir erträumt hatte. Morgens gingen wir noch alle zusammen geil frühstücken, danach haben wir uns geschlossen auf den Weg zum Standesamt im Rathaus gemacht.

Unsere Hochzeit war klein und fein, ich hatte gar keinen Bock auf so einen durchgeplanten Zirkus. Tischdekoration, Sitzordnung und Brautstrauß werfen – mir ist so was einfach nicht so wichtig. Ich bin auch nicht so eine Frau, die ein krasses Hochzeitskleid braucht. Ich wollte einfach nur, dass Alex mein Mann ist und ich seine Frau. Nicht mal an einen Brautstrauß hatte ich gedacht. Meine Schwiegermutter ist in letzter Minute noch zum Floristen gehechtet und hat mir ein Sträußchen besorgt.

Aber wenn ihr bei eurer Hochzeit die Prinzessin in Weiß geben wollt, ist das genauso in Ordnung, wie es nur zu zweit durchzuziehen und danach mit der U-Bahn wieder nach Hause zu fahren. Da muss jeder genau das machen, was er oder sie fühlt. Im Idealfall fühlt das Brautpaar das Gleiche, das wäre ja schon mal ein gutes Zeichen für die Zukunft, oder?

Kapitel 25

KRAFTTIER

Ihr Lieben, jetzt sind wir schon am Ende dieses schönen Buches angelangt. Kaum zu glauben, oder? Ihr könnt euch gar nicht vorstellen, wie sehr ich mich freue, dass ihr mich auf dieser Reise begleitet habt. Und es gibt noch eine Sache, die ich euch unbedingt sagen möchte:

Fickt euch alle ins Knie.

Haha, Quatsch!

Immer gut, eine Freundin mit Tourette-Syndrom zu haben, oder?

Also, jetzt noch mal im Ernst:

Geht gut miteinander um!

Zuallererst natürlich mit euch selbst. Wirklich, der Schlüssel zu allem Glück ist, sich selbst anzunehmen und zu lieben, wie man ist. Weil man dann auch nicht von anderen erwarten muss, dass sie einen glücklich machen. Bleibt da also unbedingt dran, auch wenn es für die meisten von uns ein lebenslanger Prozess ist! Lernt euch mit der Zeit immer besser kennen und akzeptiert, wie ihr seid.

Nur so können wir es schaffen, Selbstzweifel über Bord zu werfen und für die Person einzustehen, die wir sind. Und das Allerwichtigste ist, dass wir über uns selbst lachen können, über unsere Macken und Missgeschicke. Dass wir dieses ganze verrückte Leben und unseren Platz darin nicht zu wichtig nehmen.

Geht auch gut mit den Menschen in eurem Leben um. Damit meine ich selbstverständlich eure Mama, euren Papa, Oma und Opa, eure Geschwister, Freunde und Kollegen. Aber vor allem auch den Typen, der den Bus fährt. Die Frau, die an der Tankstelle jobbt. Den Opa, der den Weg nicht findet. Die alte Dame, die eure Hilfe an der Treppe zur U-Bahn braucht. Und die Mutti, die auf dem Spielplatz verzweifelt ist, weil ihr die Feuchttücher ausgegangen sind.

Die Erde wäre ein so viel besserer Ort, wenn die Menschen sich besser behandeln würden, anstatt sich gegenseitig zu ignorieren oder anzublöken.

Ich bin eigentlich gar nicht in der Lage dazu, scheiße zu anderen Leuten zu sein, das fühlt sich für mich richtig schlimm an. Ja, bei mir braucht es ganz viel, bis ich unfreundlich werde. Da muss mir jemand wirklich krass an den Karren fahren.

Einmal ist mir das in einem Hotel in Köln passiert, in dem ich regelmäßig übernachte, wenn ich in der Stadt beruflich etwas zu tun habe. Die Mitarbeiter kennen mich da also schon. Eine Rezeptionistin dort ist chronisch unfreundlich, was mich normalerweise auch nicht weiter stört, ich habe mich schon längst an ihren Tonfall gewöhnt. An diesem Tag war es aber so, dass ich dringend zum Bahnhof musste, weil ich sonst meinen Zug verpasst hätte. Ich hatte noch schnell eine Apfel-saftschorle getrunken. Nun wollte diese Rezeptionistin partout, dass ich die jetzt sofort bezahle.

»Ihr schickt mir doch immer eine Rechnung, stellt die Apfelschorle doch einfach mit drauf. Ich habe es wirklich sehr eilig«, sagte ich zu ihr.

Woraufhin die Rezeptionistin meinte:

»Nein, die Apfelschorle müssen Sie jetzt gleich bezahlen.«

Das fand ich schon frech, dass man mir als Stammgast so gar nicht entgegenkommen kann und riskiert, dass ich wegen dieser beschissenen Apfelschorle meinen Zug verpasse.

Also habe ich sie krass angekackt – ich stand auch echt unter Strom.

Dann bin ich einfach gegangen.

Auf dem Weg zum Bahnhof habe ich mich aber so mies gefühlt, dass ich sofort im Hotel anrief und fragte, ob ich kurz mit besagter Rezeptionistin sprechen dürfe.

Ich wurde durchgestellt und sagte: »Das ist eben nicht schön gelaufen. Es tut mir leid, dass wir so aneinandergeknallt sind, deshalb möchte ich mich für mein Verhalten entschuldigen.«

Da entgegnete sie, es sei ihr scheißegal – und legte auf.

Hart! Immerhin hatte ich es probiert und musste kein schlechtes Gewissen mehr wegen der Sache haben.

Worauf ich hinauswill: Wenn ich mich im Ton vergreife – und vielleicht sogar allen Grund dazu habe –, habe ich nur Sekunden später das tiefe Bedürfnis, mich zu entschuldigen. Auch in meiner Beziehung ist das so: Wenn ich scheiße zu meinem

Mann bin, entschuldige ich mich einen Moment später direkt wieder für mein Verhalten.

Außer natürlich, ich habe meine Tage. Da ist immer Ausnahmesituation und deshalb auch alles erlaubt. Und ganz ehrlich: Wer aus der Scheide blutet, darf scheiße sein und auch einen miesen Ton draufhaben.

Wenn euch jemand ankackt, hat das in den seltensten Fällen etwas mit euch zu tun. Die Leute sind nur deshalb scheiße zu euch, weil es ihnen selbst nicht gut geht. Ganz einfach: Jemand, der geile Laune hat, verhält sich anderen Leuten gegenüber nicht beschissen oder unfair.

Deswegen versucht unbedingt, nicht zurückzuschießen – auch wenn es schwerfällt –, sondern die Leute abzuholen.

Zum Beispiel könntet ihr sagen: »Geht's dir heute nicht gut?« Oder: »Was ist denn bei dir heute los?«

> **Wenn man empathisch auf jemanden reagiert, der schlecht gelaunt ist, kann das so viel Gutes bewirken. Mein Motto ist: Behandele jeden so, wie du an miesen Tagen selbst behandelt werden möchtest.**

Kennt ihr das, wenn ihr beim Bürgeramt anrufen müsst und schon Bauchgrummeln habt, weil ihr wisst, dass das jetzt gleich schrecklich wird? Ja, mit solchen Arschkrampen zu telefonieren, die keinen Bock auf dich und überhaupt auf ihre Arbeit haben, ist krass. Keiner wartet darauf, dass ausgerechnet wir mit unseren Problemen und Anliegen anrufen.

Ich verrate euch jetzt, wie ihr ab jetzt immer alles von den Leuten auf dem Amt oder in der Hotline bekommt, was ihr braucht. Zugegeben, man muss etwas gewieft sein am Telefon.

Und ich weiß auch, dass das nicht jedem liegt, aber man kann es üben. Der Trick funktioniert so: Wenn ihr »Hallo, hier ist Evelyn Weigert« sagt (also ich hoffe, ihr sagt dann euren eigenen Namen!), dann lächelt ihr am besten dabei oder lacht zumindest ein bisschen, damit es direkt freundlich klingt. Auch wenn der Gesprächspartner euer Lächeln nicht sehen wird, kann er es doch hören.

Und dann sagt ihr: »Wissen Sie, ich bin so dumm. Ich habe total vergessen, mich pünktlich umzumelden, und jetzt weiß ich einfach nicht, was ich tun soll, ich alter Volltrottel.« Macht euch also selbst runter, zieht euch durch den Dreck, und sagt, dass ihr etwas verbockt oder nicht verstanden habt und saudumm seid. Dann sind diese Arschkrampen sofort auf eurer Seite und geil drauf. Ich glaube, die Leute auf dem Amt oder in den Hotlines werden so oft von den Anrufern heruntergeputzt und beschimpft, dass es einfach hilft, wenn man im ersten Schritt sich selbst kleiner aussehen lässt, als man ist. Ihr sagt also: »Ich kapiere das nicht mit dem Ausfüllen dieses Formulars.« Oder: »Ich habe richtig Scheiße gebaut, ich bin ein totaler Vollhorst, weil ich den Termin verpennt habe. Es tut mir leid.«

Wirklich, dieser Trick funktioniert immer. Alex hatte neulich ein Bahnticket falsch gebucht, so einen Super-Sparpreis-Fahrschein, den man halt wirklich gar nicht stornieren kann. Er hat sofort bei der Bahn angerufen, und die Person am Telefon bestätigte, dass das auf keinen Fall geht. Ich habe nur müde gelächelt, zum Telefonhörer gegriffen und direkt noch einmal angerufen – mit meinem Trick. Leute, es hat funktioniert, die haben das Ticket zurückgenommen, und Alex konnte ein neues buchen.

Was auch immer sehr gut geht, ist, um Hilfe zu bitten.

Das triggert bei den Menschen sofort etwas, wenn man sich selbst als hilflos darstellt und den anderen als Retter. So funktionieren wir eben.

Also sagt unbedingt so etwas wie: »Ich bräuchte hier wirklich Ihre Hilfe«, oder: »Ich wäre für Ihre Hilfe wahnsinnig dankbar.«

Mein dritter Tipp: Holt die Leute ab, versetzt euch in ihre Lage. Und zwar mit Sätzen wie: »Oh weh, jetzt muss ich Sie wahrscheinlich noch kurz vor Feierabend mit meinem Anliegen belästigen.« Oder: »Sie telefonieren bestimmt schon den ganzen Tag mit verpeilten Bürgern wie mir.« Das zeigt, dass ihr euch nicht überlegen fühlt. Und wenn ihr wirklich alles richtig machen wollt, sagt etwas Nettes wie beispielsweise: »Schön, dass ich Sie am Telefon habe.«

Wisst ihr, der Mensch ist sehr einfach gestrickt, was solche Dinge betrifft. Jeder möchte geliebt und nett behandelt werden. Jeder findet es schön, wenn er das Gefühl hat, etwas Besonderes zu sein oder der Retter in der Not. Mir fällt das auch bei mir selbst auf: Wenn jemand besonders nett zu mir ist und mir das Gefühl gibt, dass ich toll bin, dann steige ich sofort drauf ein und gebe alles.

Kennt ihr das, wenn ihr müde auf dem Sofa chillt, und eine Freundin ruft an und braucht jetzt sofort euren Rat oder eure Hilfe? Ich mutiere dann in drei Sekunden zu Superwoman und will das Problem mit ihr angehen. So ticken wir Menschen nun einmal: Wir alle wollen gebraucht werden und einen Unterschied machen können.

Ich bin ein großer Fan davon, auf dem Planeten Erde die Stimmung ein bisschen zu verbessern. Wenn ich eine Mission habe, dann ist es, mich mit den Menschen zu connecten und gute Laune zu spreaden. Und zwar nicht nur mit meiner Familie und meinen Freunden. Ich lache auch die Leute auf der Straße an und halte ein bisschen Small Talk an der Ampel, wenn ich mit Kinderwagen auf Grün warte. Ich mache das nicht nur für die anderen, mir tut das selbst auch richtig gut.

Abgesehen davon: Jeder Tag ist gleich so viel geiler, wenn mir ein Fremder ein Lächeln zurückschenkt, diesen Spirit liebe ich.

Also senkt nicht den Blick, wenn euch jemand auf der Straße entgegenkommt. Schaut den Leuten in die Augen und lacht sie an. Es ist so ein schönes Gefühl, wenn jemand mitmacht. Seid ein Krafttier für andere.

Und, Leute, sagt: Bitte, Danke, Entschuldigung.

Bittet um Verzeihung, wenn ihr jemanden aus Versehen im Supermarkt anrempelt.

Jeder da draußen möchte gesehen werden.

Gebt den Leuten das Gefühl, dass ihr sie seht – und das geht am besten, indem man höflich ist.

Ich bin mir sehr sicher: Hätten mehr Menschen das Gefühl, dass sie wahrgenommen werden und wichtig für die Gesellschaft sind, dann wäre die Welt ein fröhlicherer Ort.

Also dreht euch mal an der Kasse um und haltet ein Schwätzchen mit dem älteren Herrn hinter euch. Oder lasst ihn am besten gleich vor, weil er nur ein Brötchen bezahlt und ihr den ganzen Wocheneinkauf im Einkaufswagen habt.

Was mir im Flugzeug immer wieder auffällt: Die armen Stewardessen gehen durch die Reihen und müssen tausendmal die Fluggäste wie Roboter fragen: »Schinken oder Käse?« Wenn sie bei mir angelangt sind, schaue ich sie freundlich an und sage einfach von mir aus, was ich gerne hätte. Und zwar Salami! Scherz.

Schließlich kann man ja davon ausgehen, dass jeder mitbekommen hat, dass es die Sandwiches entweder mit fucking Schinken oder Käse gibt.

Ich finde, da können wir alle ein wenig aufmerksamer im Alltag miteinander sein und hier und da ein bisschen mitdenken, damit die Leute etwas nicht zum hundertsten Mal wiederholen müssen.

Die Leute, die ich sehr mag, werden von mir mit Liebe überschüttet. Und damit meine ich nicht nur meinen Mann, der von mir ständig Liebeserklärungen bekommt. Ich sage auch meinen Freundinnen immer wieder, dass sie mein Leben bereichern.

Und wenn Leute bei uns zu Besuch waren, schicke ich ihnen hinterher eine Kurznachricht, in der in etwa steht:

»Es war total schön, euch zu sehen, und es hat so gutgetan.«

Meine Eltern, meine Schwester und meine Freunde feiere ich immer wieder übelst ab. Ich sage ihnen, wie geil ich sie finde und was ich an ihnen mag. Meinen Girls sage ich, was sie für heiße Bräute sind. Ich habe auch schon fremden Frauen auf Instagram geschrieben, dass ich ihren Style mega finde. Und ich spreche Leute auf der Straße oder auf dem Spielplatz an und sage ihnen, wie toll sie aussehen.

Klingt jetzt so, als wäre ich ein Creep. Ich meine es aber ernst. Ich bin davon überzeugt, dass viel mehr Menschen dazu in der Lage wären, andere zu stärken und ihnen ein gutes Gefühl zu geben. Aber Leute abfeiern und hochleben lassen ist ja leider nichts, was man in der Schule lernt.

Ich glaube, dass es eine meiner Stärken ist, andere zu knacken und ihnen ein gutes Lebensgefühl zu geben. Ich bekomme unzählige Nachrichten aus meiner Community am Tag, in denen mir die Leute schreiben:

»Evelyn, du gibst mir krassen Lebensmut. Danke dafür!«

Oder: »You made my day!«

Die großartige Jule Lobo sagte bei einem unserer ersten Treffen mal zu mir:

»Ich folge dir schon lange auf Instagram und dachte immer, die Evelyn hätte ich gerne als Freundin.«

Ist das nicht schön? Now she got me.

Ihr seht: Die richtige Kommunikation kann ein krasser Game Changer sein. Ich muss mich da auch immer mal wieder daran erinnern, wenn ich meinem Mann gerne entgegenschmettern würde: »Ich finde es scheiße, dass du nie den Tisch abräumst.«

Stattdessen sage ich dann: »Ich würde mich total freuen, wenn du öfter den Tisch abräumen würdest.«

Geht gut miteinander um, Leute. Das ist die eine Sache, die ich mir wünsche.

Die andere ist, dass ihr euer Leben liebt. Das schafft ihr, indem ihr euch annehmt, wie ihr seid, und nicht versucht, jemand anderes zu sein.

Tragt die Klamotten, in denen ihr euch wohlfühlt, und – verdammt noch mal – esst die Pizza, kauft euch die teure Handtasche, gönnt euch ein bisschen Glück. Und feiert unbedingt das, was ihr könnt und habt. Anstatt das zu beklagen, was ihr nicht habt und nicht könnt. Und habt keine Angst vor der Zukunft. Am Ende des Tages solltet ihr immer genügend Geld zum Überleben haben. Man muss nicht krass reich sein oder tausend Immobilien besitzen. Aber ihr solltet so leben können, wie ihr das gerne möchtet. Dazu müsst ihr euch natürlich gut überlegen, welche Leistung ihr dafür fahren möchtet, wie hart ihr ackern wollt, um euren Standard hochzuhalten, oder ob euch eine kleinere Bude und ein Opel Corsa reichen.

Ich denke mir immer: »Take it easy, Evelyn. Wenn alle Stricke reißen, arbeitest du halt als Verkäuferin in einem Klamottenladen oder pachtest dir einen Minigolfplatz. Es gibt immer einen Weg.« Kellnern kann ich von vorneherein ausschließen, den Versuch habe ich ja schon gewagt. Das ist nichts für mich. Aber ansonsten kann ich mir vieles für mein Leben vorstellen, es gibt niemals nur einen Plan A. Aber ich weiß halt, dass es immer weitergehen wird und dass ich mit dieser Einstellung auf jeden Fall dazu in der Lage sein werde, finanziell über die Runden zu kommen. Und ja, natürlich hätte ich gerne einen Pool und ein Haus. Aber entweder es klappt irgendwann, dass ich mir so einen Luxus leisten kann. Oder halt nicht. Sich da so reinzustressen und das Leben deshalb gar nicht mehr genießen zu können, dazu bin ich nicht bereit.

Lebt im Jetzt und feiert es!

Wenn aus Träumen wie dem Schwimmbad und der Villa nichts wird, akzeptiert es und macht euch nicht verrückt. Dann werdet ihr trotzdem ein schönes Leben haben, wenn ihr es annehmt, wie es ist.

Hängt euer Herz also nicht an einen Status, sondern besser an eure Freunde und die Liebe.

Und vergesst nicht: Das Wertvollste, was ihr im Leben habt, ist eine gute Beziehung zu euch selbst. Dass ihr euch gut kennt und für euch selbst einstehen könnt. Dass ihr wisst, wer euch im Leben guttut und wen ihr um Rat fragt, wenn ihr nicht weiterwisst. Wenn ihr es schafft, euer eigenes Krafttier zu sein, dann kann wirklich nichts schiefgehen, dann seid ihr für alles gewappnet. Ich wünsche euch das allen so sehr, das könnt ihr euch gar nicht vorstellen. Und dass wir alle unseren Peace mit uns selbst finden. Ich liebe euch nämlich ganz doll, ihr Bitches.

PS: Krass auch, dass ihr ein ganzes Buch bis zum Ende durchgelesen habt. Allein dafür feiere ich euch schon so derbe ab.

Kapitel 26

UND GANZ ZUM SCHLUSS: MEINE ULTIMATIVEN TIPPS FÜR GUTE LAUNE

- Die richtige Musik macht das Leben so viel besser. Meine offene Playlist für beste Laune findet ihr auf Spotify unter »Evelyn's Favorites« (Das erste Lied ist »September« von Earth, Wind & Fire. Da wisst ihr gleich Bescheid). Zieht sie euch rein.

- Hört euch den Podcast »Sagt JA zum Leben!« an. Den haben Bastian Heinlein und ich ins Leben gerufen, um positive Vibes zu spreaden. Und ich kann euch sagen: Es funktioniert! Pro Folge lösen wir ein Problem, das uns vorher von unseren Hörerinnen und Hörern zugeschickt wurde. Das kann alles Mögliche sein. Von Sexproblemen bis Zoff unter Freundinnen: Wir haben schon für alles eine professionelle Lösung gefunden. Wenn ihr also das Gefühl habt, ihr seid die letzte Laus, dann hört unbedingt rein!

- Feiert euch selbst ab, am besten mit einem Erfolgstagebuch. Schreibt euch immer auf, wenn etwas Geiles passiert ist, wenn ihr ein schönes Kompliment bekommen habt oder es einen tollen Erfolg im Job zu beklatschen gibt. Wenn es euch dann mal mies geht, lest ihr in euer Erfolgstagebuch rein und freut euch daran.

- Seid dankbar. Ey, wirklich, Dankbarkeit ist ein Garant für gute Laune. Seid dem Leben dankbar für alles Schöne und Gute, was euch widerfährt. Seid dankbar für euren Körper, dass er alles so gut mitmacht. Seid den Menschen, die euch im Leben etwas beigebracht haben, dankbar. Seid dankbar für eure Freunde, eure Familie und überhaupt für alles, was nicht selbstverständlich ist.

- Macht anderen eine Freude. Führt eure beste Freundin spontan zu einem Wellnesstag aus. Schenkt eurer Mama unverhofft den einen teuren Duft, den sie sich nie leisten wollte. Schenkt Komplimente und nette Worte. Wer Liebe spreaded, wird automatisch happy. Also seid großzügig mit anderen, ihr werdet dafür belohnt.

- Habt Urvertrauen: Das Leben meint es gut mit euch, ihr seid Glückskinder. Wenn ihr diese Gedanken verinnerlicht, dann werdet ihr weniger zweifeln. Alles passiert aus einem Grund, und auch schlechte Zeiten im Leben haben ihre Berechtigung und bringen euch weiter. Also verzweifelt nicht, wenn es mal nicht rundläuft, und glaubt daran, dass diese Episode auch etwas Gutes für euch bereithält. Auch wenn ihr das vielleicht erst hinterher verstehen werdet.

- Seid nicht so streng zu euch selbst. Wenn ihr mal einen Scheißtag habt, dann ist das auch vollkommen okay. Sich jetzt hart unter Druck zu setzen macht es in den meisten Fällen nicht besser. Man muss nicht jeden Tag geil drauf sein. Gammelt mal ab und ruht euch aus. Am nächsten Tag sieht die Welt schon wieder besser aus.

- Wenn ich mal richtig beschissen drauf bin, dann stelle ich mich vor den Spiegel und mache so lange dumme Grimassen, bis ich selbst lachen muss. Funktioniert super. Und auch Fake-Lachen solltet ihr mal probieren. Einfach laut loslachen, auch wenn nichts Lustiges passiert ist.

- Wenn ihr eine Miesepetra seid, dann macht euch klar, was im Hier und Jetzt gerade gut ist. Ihr und eure Lieben seid gesund, ihr habt ein Dach über dem Kopf und Menschen in eurem Leben, die euch lieben. Es klingt banal, aber man vergisst es wirklich viel zu oft.

- Rafft euch auf, geht raus an die frische Luft, verlasst das Haus. Tut immer mega gut.

- Macht euch eine schöne Frisur und ein bisschen Make-up.

- Und dann: Esst irgendetwas Frittiertes wie Pommes oder Schnitzel.

DANK

Danke sagen finde ich persönlich eine ganz, ganz wichtige Geschichte. Und das ist auch meine letzte Botschaft hier in diesem Buch:

Bedankt euch bei den Leuten, die ihr liebt.

Bedankt euch bei den Leuten, die euch guttun.

Bedankt euch bei den Leuten, die euch weitergebracht haben.

Natürlich geht mein Dank (wenn ich jetzt noch einmal »Dank« schreibe, raste ich aus!) zuallererst an meine affengeile Familie, die mich zu jeder Sekunde bedingungslos geliebt hat und liebt. Durch eure Liebe habe ich den Mut, alles so zu sagen, wie es eben ist. Die schönen und die unangenehmen Dinge.

Großen Dank geht an die Alte vom Buchverlag (die kluge Hannah), die mich quasi überredet hat, dieses Buch zu schreiben. Ich dachte am Anfang nämlich, das wäre eine absolute Schnapsidee. Ein großer Dank an meine wundervolle Co-Autorin Kira, das Busenwunder. Du hast das so wundervoll gemacht, und ich weiß, es war nicht immer einfach mit mir. Ich bin riesig stolz auf das, was wir hier geschrieben haben, und ich hatte eine richtig gute Zeit mit dir. Und ganz im Ernst: Ich werde unsere Interviews vermissen.

Und weil ich euch Arschgeigen ja alle kenne und ich weiß, dass sich jetzt jeder von euch denkt: Ööööhh, wo ist denn mein Name? Hier noch mal eine Liste der besonderen Menschen.

Abspann läuft:
Gaby Weigert (geilste Mutter und Mensch ON EARTH)
Klaus Maria Weigert (Tonkaiser und bester Papa)
Alexander (mein wundervoller Ehemann, der mit mir jede Situation liebevoll meistert und so ein super Papa ist)
Meine Töchter Lilly & Tilly (ihr habt mich zu so einer happy Mom gemacht)
Carolyn Weigert (beste Freundin & Schwester)
Roland Weigert (Schwager & Mosi-Double)
Jan Havermann (Erfolgsmanager & super Freund)
Veronika Hubert Natter-Rauch (bestes Pferd im Stall & lustigster Mauselmann)
Ines Hachani (schlauste Maus & mein Life Coach)
Und all meine Ex-Freunde (sorry noch mal)

»Alexandra Zykunov legt mit ihrem Buch den Finger in die Wunde.« SR2

»Hast du ein Glück, dass dein Mann im Haushalt so viel mithilft.« Es sind Bullshitsätze wie diese, die unter Freundinnen fallen gelassen oder von Verwandten ins Ohr geflüstert werden – bis man sie irgendwann selbst glaubt. Dieses Buch ist die ultimative Anleitung zum Parieren solcher Sätze. Messerscharf analysiert Alexandra Zykunov Ungleichheiten zwischen Frauen und Männern und liefert Punchlines für die nächste Familienfeier, Spielplatzrunde oder Beziehungsdiskussion.

Alexandra Zykunov
"Wir sind doch alle längst gleichberechtigt!"
25 Bullshitsätze und wie wir sie endlich zerlegen

Taschenbuch
Auch als E-Book erhältlich
www.ullstein.de

ullstein